Doreen Köstler

Band 1 **Nord-West**

Die **NRW-Radtouren**

Die 24 schönsten Tagesrouten der NRWRADTOUR entlang an Seen, Flüssen und Sehenswürdigkeiten

WEST LOTTO NRW Stiftung WDR 4

Jedes Jahr freuen sich Hunderte Radlerinnen und Radler auf das große Ereignis der NRWRadtour – organisiert von WestLotto, der NRW-Stiftung und WDR 4.

Band 1 **Nord-West**

Liebe Leserinnen und Leser,

aufsteigen und abschalten, den Fahrtwind im Gesicht, Wald- und Wiesenduft in der Nase, Sehenswertes aus ganz anderen Blickwinkeln wahrnehmen, mit Gleichgesinnten einzigartige Momente erleben und unvergessliche Erinnerungen sammeln: Unter dem Motto „Mit WestLotto das Land erfahren" zieht die NRWRadtour, die seit 2009 von WestLotto in Zusammenarbeit mit der NRW-Stiftung und dem WDR 4 organisiert wird, Jahr für Jahr die Teilnehmer in ihren Bann.

Im Norden und Westen Nordrhein-Westfalens die schönsten Etappen dieses beliebten sportlichen Großereignisses nachradeln: Dazu laden Sie die 24 Lieblingstouren in diesem Buch ein. Wollten Sie immer schon mal eine Himmelsleiter erklimmen oder beeindruckende Landmarken erobern? Möchten Sie auf den Spuren der alten Römer oder von Napoleon unterwegs sein? Darf es Entschleunigung pur in der ländlichen Idylle des Münsterlands sein oder reizt Sie die vielfältige Industriekultur im Ruhrpott? Ob platt auf Rheindeichen und an Kanälen oder wellig und bergig, ob allein, mit Freunden oder der Familie: Sie haben die Qual der Wahl. Sicher ist: Jede einzelne Route ist auf ihre Art schön. Eine ist vielleicht eher eine Tour de Natur, auf einer anderen kommen Sie wegen unzähliger Must-sees gefühlt gar nicht richtig ins Treten. Radeln Sie einfach mit wachen Sinnen und offenem Herzen durch den Norden und Westen von NRW – ich bin mir sicher, Sie werden noch viel mehr und anderes Schöne erleben.

Eine Besonderheit jeder NRWRadtour ist, dass die Radler entlang der Strecke zahlreiche Natur- und Kulturprojekte kennenlernen, die von der Nordrhein-Westfalen-Stiftung Naturschutz, Heimat- und Kulturpflege – kurz **NRW-Stiftung** – auch mit Lotteriegeldern von **WestLotto** gefördert werden. Natur, Heimat, Kultur: Diesen

Dreiklang zu bewahren – dafür setzt sich die NRW-Stiftung seit 1986 ein, als sie zum 40. Geburtstag des Bundeslandes gegründet wurde. Ihr ist es wichtig, dass NRW so schön bleibt, wie es ist: mit sehenswerter Industriekultur, prachtvollen Schlössern, restaurierten Museen, vielen Pflanzen und Tieren. Finanziert wird die Arbeit aus Lotteriemitteln von WestLotto, hinzu kommen Spenden und Mitgliedsbeiträge des Fördervereins der NRW-Stiftung mit mehr als 8.000 Mitgliedern. **www.nrw-stiftung.de**

WestLotto mit Sitz in Münster veranstaltet seit über 65 Jahren mit Genehmigung des Landes Lotterien und Sportwetten in über 3.000 Annahmestellen. Jedes Jahr erwirtschaftet WestLotto einen hohen dreistelligen Millionenbetrag, der an das Land NRW fließt. Ein bedeutender Teil der Gelder wird von dort an gemeinwohlorientierte Institutionen verteilt und trägt so zur Unterstützung von Wohlfahrt, Kultur, Sport sowie Denkmal-, Natur- und Umweltschutz bei. Aus den Lotterieerträgen wird seit über 30 Jahren insbesondere auch die NRW-Stiftung unterstützt. **www.westlotto.de**

Die schönsten Ecken Nordrhein-Westfalens mit dem Rad erkunden: Das ist auch ganz im Sinn von **WDR 4.** Bei der NRWRadtour sorgt der Radiosender für die musikalische Begleitung mit Lieblingshits der 80er und den größten Klassikern aus den 70ern und 60ern. Legendär sind die kostenlosen abendlichen „WDR 4 Sommer Open Airs", bei denen bereits Stars wie OMD, Kim Wilde und Sasha die Bühne gerockt haben. Das abwechslungsreiche Radioprogramm mit aktuellen Nachrichten und Informationen aus der Region ist sicher auch der richtige Begleiter, wenn einige der schönsten Routen der NRWRadtour aus diesem Buch nachgefahren werden. **www.wdr4.de**

Wichtig war allen an diesem Projekt Beteiligten, dass das Nachfahren für Sie so leicht wie möglich ist. Kerninformationen zu Strecke, Schwierigkeitsgrad und Erlebniswert finden Sie jeweils auf den Einstiegsseiten, Icons erleichtern das Finden von besonderen Einkehrmöglichkeiten, Picknickplätzen und Aussichtspunkten. Als Startpunkte dominieren Bahnhöfe mit angrenzenden Parkmöglichkeiten. Das bringt mit sich, dass Sie zu Beginn und Schluss oft durch Innenstädte, Wohn- und Gewerbegebiete fahren. Glauben Sie mir: Selbst das hat seinen Reiz. Und auf manchen Strecken ist genau das das Salz in der Suppe. Aber natürlich können Sie überall in die Touren einsteigen und sie in der einen oder anderen Richtung absolvieren – die passende Textpassage mit Tipps zu Sehenswertem und kleinen Freuden am Wegesrand finden Sie in jedem Fall.

Egal, ob mit Tourenrad, Gravel-, Mountain- oder E-Bike: Die Strecken sind mit einer Länge von 40 bis 50 Kilometern als Tagestouren mit genügend Zeit für Sightseeing und Erholungspausen konzipiert. Die von uns vorgenommene Einstufung von Schwierigkeitsgrad und Familientauglichkeit ist natürlich immer subjektiv. Den flachen Niederrhein wird sicher kaum jemand als anstrengend empfinden, die Anstiege in Sauer- und Siegerland dagegen schon, der eine jedoch mehr als der andere. Letztlich können Sie Ihre Kondition und die Ihrer Kinder am besten einschätzen und eine entsprechende Strecke auswählen.

Noch ein Tipp zur GPS-Datei: Meine Lieblings-App ist Komoot, weil sie intuitiv bedienbar ist und sicher navigiert. Das Kartenmaterial muss zwar einmalig bezahlt werden, ist seinen Preis jedoch definitiv wert. Und stellen Sie die GPS-Daten in der Handy-App am besten auf „offline verfügbar“. Dann wird nicht permanent eine Online-Verbindung gebraucht und Sie sparen Akkukapazität – falls Sie doch länger unterwegs sind, weil es an einem Fleckchen einfach besonders schön ist …

Ich wünsche Ihnen viel Freude beim Lesen, Radfahren und Entdecken dieser 24 Lieblingstouren!

ERKLÄRUNG DER ICONS

Kilometerangabe der gesamten Strecke

reine Fahrzeit

Summe aller Höhenmeter bergauf und bergab

Erlebnis

●●●○○

Sehenswürdigkeiten, schöne Natur und Ortschaften

Familientauglich

●●●○○

Eignung für Kinder/Jugendliche mit durchschnittlichem Fitnessgrad

Schwierigkeit

●●●○○

Eignung für Erwachsene: von untrainiert bis durchtrainiert bei einer Windstärke bis 3 ohne Böen; Schwierigkeit mit E-Bike immer 2 Punkte weniger

GPS-DATEN-DOWNLOAD

Das Abfotografieren des QR-Codes mit Ihrem Smartphone genügt, um die GPS-Daten aller Touren dieses Buches runterzuladen. Passwort: TourenNRW!8

Liebe Radlerinnen, liebe Radler,

Ostern, NRWRadtour, Weihnachten – auf diese drei Großereignisse freue ich mich jedes Jahr. Besonders aber auf die NRWRadtour. Die Mischung aus wunderschönen Landschaften und Stopps an interessanten Kulturdenkmälern macht einfach Spaß. Mit das Schönste ist: Vom Kleinkind bis zu den Großeltern treffen sich hier ganz unterschiedliche Menschen und werden eine Gemeinschaft, die zusammen kleine Abenteuer und große Konzertabende erlebt. Denn wenn sich abends der Muskelkater ankündigt, ist lockerndes Tanzen beim „WDR 4 Sommer Open Air" mit Stars live auf der Bühne, vornehmlich aus den 80er-Jahren, die beste Antwort.

Genau diese Abwechslung ist es, die die NRWRadtour für mich immer wieder zu einem Highlight macht. Inzwischen gibt es sie seit 2009. Ja, so lange schon! Seit zehn Jahren darf ich dabei sein – radle entweder selbst mit oder stehe abends auf der WDR-4-Bühne.

Damit Sie die NRWRadtour auf das ganze Jahr ausweiten können – allein oder mit der Familie und Freunden –, sind in diesem Band die schönsten Tagestouren im Norden und Westen Nordrhein-Westfalens zusammengefasst, vorbei unter anderem an Kleve, Solingen, Gelsenkirchen und Rheine. Mit voller Muskelkraft und geschärftem Blick für Details sind dafür Radenthusiasten noch einmal alles abgefahren: Welche Geheimtipps gibt es entlang der Strecke? Wo eignet sich ein kleiner Waldweg, wo ist der Radweg an der Bundesstraße besser? Was hat sich bei den bekannten Sehenswürdigkeiten verändert? Aber lesen Sie selbst ...

Ich wünsche Ihnen viel Spaß auf Ihren Touren und immer perfekten Druck auf den Reifen!

Bastian Bender

BASTIAN BENDER
WDR-4-Moderator und seit 2012 bei der NRWRadtour mit Herzblut dabei

Welche der in diesem Buch vorgestellten Routen NRWRadtour-Fan Bastian Bender besonders begeistert hat? Und warum? Das erfahren Sie auf Seite 146.

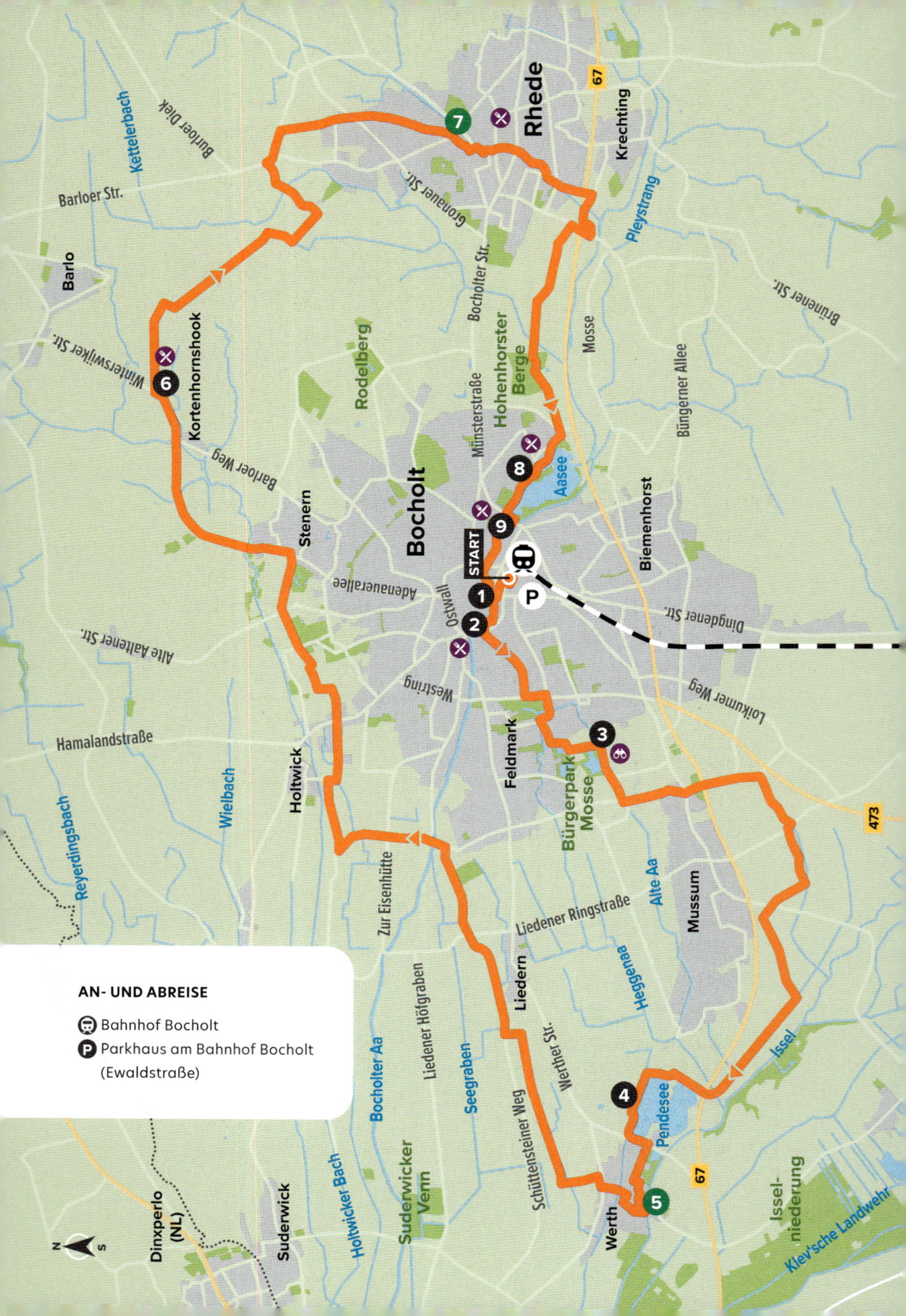
AN- UND ABREISE
Bahnhof Bocholt
Parkhaus am Bahnhof Bocholt (Ewaldstraße)
START
Bocholt
Rhede
Krechting
Barlo
Kortenhornshook
Stenern
Holtwick
Feldmark
Bürgerpark Mosse
Mussum
Liedern
Werth
Suderwick
Dinxperlo (NL)
Suderwicker Venn
Biemenhorst
Hohenhorster Berge
Rodelberg
Aasee
Pendesee
Issel
Isselniederung
Klev'sche Landwehr
Kettelerbach
Pleystrang
Mosse
Alte Aa
Heggenaa
Wielbach
Reyerdingsbach
Bocholter Aa
Seegraben
Holtwicker Bach
Liedener Höfgraben
Barloer Diek
Barloer Str.
Gronauer Str.
Bocholter Str.
Münsterstraße
Brüniener Str.
Büngerner Allee
Winterswiker Str.
Barloer Weg
Adenauerallee
Ostwall
Westring
Dingdener Str.
Loikumer Weg
Alte Aaltener Str.
Hamalandstraße
Zur Eisenhütte
Liedener Ringstraße
Werther Str.
Schüttensteiner Weg
67
473

Bocholt

Links Isselburg, in der Mitte Bocholt, rechts Rhede, dazwischen und mittendrin Natur pur: Das ist eine Tour, die Ruhesuchende und Entdeckungsfreudige gleichermaßen glücklich macht. Idyllische Plätze laden zum Picknicken ein und Sie können sich Schönes ganz ohne Sightseeing-Druck anschauen.

44,8 km

2:44 Stunden bei 16,4 km/h

100 Meter **100 Meter**

Auf Seite 6 finden Sie einen Hinweis, wo Sie die GPS-Daten kostenlos herunterladen können.

Erlebnis	●●●●○
Familientauglich	●●●●○
Schwierigkeit	●○○○○
Schwierigkeit E-Bike	●○○○○

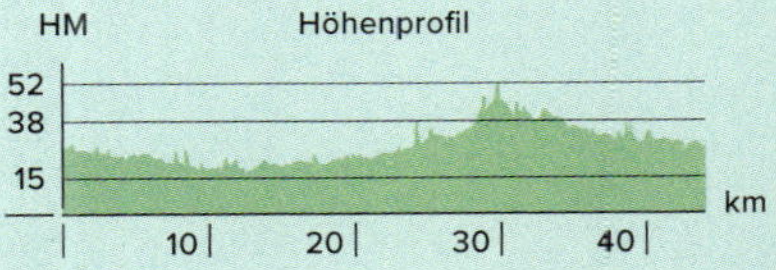

SEHENSWÜRDIGKEITEN

GEFÖRDERT VON DER NRW-STIFTUNG

1. Historisches Rathaus
2. Pfarrkirche St. Georg
3. Bürgerpark Mosse
4. Pendesee
5. Turmwindmühle Isselburg-Werth · Zur Mühle 11 · 46419 Isselburg
6. Wasserschloss Diepenbrock
7. Medizin- und Apothekermuseum · Markt 14 · 46414 Rhede
8. Bocholter Aasee
9. LWL-Museum Textilwerk

Eine Oase der Ruhe: der Pendesee in Isselburg.

E-BIKE-LADESTATIONEN

- Rose Biketown · Werther Straße 44 · 46395 Bocholt
- Bäckerei Lensing · Zur Eisenhütte 30a · 46399 Bocholt

„Nörgens bäter as in Bokelt", sagen die Einheimischen, was so viel heißt wie: „Nirgends ist es so nett wie in Bocholt." Zu 100 Prozent kann ich diese Aussage nicht unterschreiben, aber schön ist es hier wirklich. Und mal abgesehen von der Umgebung: Allein in Bocholt könnte man gut und gerne einen ganzen Tag verbringen. Die Stadt hat jede Menge Sehenswertes zu bieten, lockt aber auch mit Oasen der Ruhe und Entspannung. Direkt nach dem Start lohnt sich ein Schlenker in die Innenstadt – fahren Sie dafür am H&M einfach geradeaus. Auf dem Markt steht mit dem **Historischen Rathaus,** 1 erbaut im Stil der niederländischen Renaissance, das schönste Gebäude der Stadt. Dahinter befindet sich der spätgotische Hallenbau der katholischen **Pfarrkirche St. Georg.** 2 Lassen Sie sich einfach ein wenig durch die Straßen treiben, genießen Sie in einem der **Cafés** einen cremigen Latte macchiato und kommen dann wieder zur Route zurück. Knapp 45 Kilometer wollen ja auch erst mal abgestrampelt werden.

Ein anderer empfehlenswerter Stopp ist der **Bürgerpark Mosse,** 3 ein circa 19 Hektar großes Erholungsgebiet mit insgesamt drei Seen. Über eine große, über das Wasser führende Aussichtsplattform können Sie sonst nicht einzusehende Bereiche entdecken. Hier lässt es sich wunderbar füßebaumelnd sitzen und dem Klang der Natur lauschen. Eine nächste Oase der Ruhe ist der **Pendesee.** 4 Baden darf man hier zwar ebenfalls nicht, schauen und genießen aber schon. Jetzt sind Sie übrigens bereits in Werth, einem der sechs Ortsteile von Isselburg. An dem kleinen Fluss Issel, der Namensgeber der Stadt ist und sie einmal von Südosten nach Nordwesten durchschlängelt, steht die **Turmwindmühle Isselburg-Werth.** 5 1498 wurde sie ursprünglich als Wehrturm der Festungsanlage erbaut, im 16. Jahrhundert erfolgte jedoch die Umwidmung als Getreidemühle. Schon um 1890 wurden Vorbereitungen für den Einbau eines Elektromotors, mit dem ein zusätzlicher Mahlgang betrieben werden sollte, getroffen. Doch erst 1935 wurde zunächst ein Diesel- und schließlich ein Elektromotor eingebaut. Knapp 30 Jahre später war der Mühlenbetrieb allerdings Geschichte. Heute wird die komplett restaurierte Mühle mit liebevollem Blick fürs Detail durch den Heimatverein Werth verwaltet und in Schuss gehalten.

INFO Ausgebildete Müller aus dem Heimatverein führen regelmäßig Führungen durch und erläutern das Antriebs- und Mahlwerk aus dem Jahr 1554, das noch immer voll funktionsfähig ist. www.heimatverein-werth.de

Durch die reizvolle Münsterländer Parklandschaft, die hier zusätzlich mit typisch niederrheinischen Landschaftsbildern aufwartet – man spürt die unmittelbare Nähe der Niederlande –, radeln Sie in einem großen Bogen um Bocholt herum und auf Rhede zu. Haben Sie etwas mehr als die Hälfte dieser Etappe bewältigt, fahren Sie auf der Winterswijker Straße einfach weiter, statt wie geplant in die Schlossallee abzubiegen – nach etwa 400 Metern erreichen Sie das zauberhafte **Wasserschloss Diepenbrock.** 6 Genießen Sie im **Café** süße Gaumenfreuden von A wie Apfelkuchen über M wie Marzipantorte bis Z wie Zwetschgenkuchen. Oder frisch gebackene Barloer Waffeln mit Sahne oder Vanilleeis oder heißen Kirschen oder allem zusammen.

INFO Wann die perfekte Zeit für fürstlichen Genuss im Schloss ist, erfahren Sie unter www.schloss-diepenbrock.com.

Am Burgplatz in Rhede befindet sich in einem unter Denkmalschutz stehenden Bürgerhaus das 1993

INFO Das Museum ist derzeit wegen Modernisierungsmaßnahmen geschlossen. Informieren Sie sich bitte unter www.heimat-und-museums-verein-rhede.de über den Termin der Wiedereröffnung.

eröffnete **Medizin- und Apothekenmuseum.** 7 Eingebettet in die allgemeine Medizin- und Apothekengeschichte präsentiert eine Dauerausstellung zeittypische Lebensbedingungen und ihren Einfluss auf die Gesundheit der Landbevölkerung. Dargestellt wird eine Zeitspanne von etwa 1750 bis in die 1950er-Jahre. Außerdem werden medizinische Berufe (Hebamme und Landarzt) und Einrichtungen (Landkrankenhaus, Drogerie und Apotheke) thematisiert. Ein rückseitiger Anbau wird für Sonderausstellungen genutzt.

Haben Sie noch einmal Lust auf einen Genussausflug abseits der Route? Dann biegen Sie von der Uferstraße links in die Südstraße ein, die bald darauf zum Dännendiek wird. Nach etwa 1 Kilometer stehen Sie vor der **Pralinen-Manufactur Große-Bölting.** Im dazugehörigen Café genießen Sie unwiderstehliche Pralinchen, Trüffel und Kaffeespezialitäten und schauen in der gläsernen Manufaktur den Chocolatiers bei der Arbeit über die Schulter. Leckeren Vorrat für die Süßigkeitenschublade zu Hause können Sie selbstverständlich ebenfalls kaufen, Nachschub bestellen Sie später einfach über den Onlineshop. Geöffnet ist montags bis freitags von 9 bis 18 Uhr und samstags von 9 bis 14 Uhr.

Nur 2 Kilometer braucht es schließlich vom Verlassen des Städtchens Rhede bis zur Ankunft am **Bocholter Aasee.** 8 Im Naturfreibad können Sie sich im Sommer wunderbar abkühlen und im **Strandcafé** bei einem erfrischenden Getränk die Füße im feinen Sand vergraben. Oder Sie leihen ein Tretboot oder ein Stand-up-Paddle-Board und lassen sich auf dem Wasser die Seeluft um die Nase wehen. Oder

Die „kubaai"-Podiumsbrücke verbindet die beiden Standorte des LWL-Museums Textilwerk.

Sie erkunden den Baumlehrpfad. So vieles ist auf, am und um den Aasee möglich – es wäre wirklich schade, wenn Sie einfach daran vorbeisausen.

Folgen Sie der Route noch ein Stückchen, sehen Sie links die aus Cortenstahl gefertigte „kubaai"-Podiumsbrücke, die zurzeit in Deutschland einzigartig ist. Sie verbindet die beiden Standorte des **LWL-Museums Textilwerk.** 9 In der Weberei erwartet Sie eine Erlebniswelt mit täglicher Schauproduktion: Vor Ihren Augen entstehen Stoffe für Handtücher und Tischdecken. Dabei rattern die über 30 alten Webstühle so laut, dass man sich unwillkürlich die Ohren zuhält; es riecht nach Öl und harter Arbeit. An einem Handwebstuhl können Sie sich außerdem selbst als Weber versuchen. Sehenswert ist auch ein vollständig eingerichtetes Wohnhaus mit blühendem Garten. Auf der anderen Seite der Aa erhalten Sie in den imposanten Sälen der ehemaligen Baumwollspinnerei Herding spannende Einblicke in historische und moderne Technik, erleben Modegeschichte und entdecken modernes Design. Einen gemütlichen Ausklang kann diese Tour im **Museumsrestaurant „Schiffchen"** finden – bei schönem Wetter natürlich im großen Biergarten mit bestem Blick auf das bunte Treiben an der dahinplätschernden Aa.

INFO Unter www.textilwerk-bocholt.lwl.org finden Sie die Öffnungszeiten von Museum und Restaurant und alles Wissenswerte rund um Ausstellungen und Führungen.

N
S
AN- UND ABREISE
Bahnhof Dinslaken
Parkplätze am Bahnhof Dinslaken (Bahnstraße)
Postweg
Wachtenbrinker Weg
Waldbach
Brüner Weg
Schermbeck
Plankenbach
Üfter Weg
Damm
Wörtgen
4
58
Drevenack
Lippeaue bei Damm und Bricht
Gahlen
3
Sternen-berge
Pliester-bergsche Sohlen
Lippeaue
Lippe
Gahlener Str.
5
Wesel-Datteln-Kanal
2
Hünxe
Ossenbergweg
Feucht-wiesen Buchholter Bruch
Hünxer Bachtal
Gartroper Mühlenbach
Rehrbach
Weseler Str.
Sternweg
Wilhelmstraße
Stollbach
Bergerstraße
Bruckhausen
Tenderings-see
1
Dinslakener Str.
Kirchheller Heide
6
Dinslaken
Schwarzbach
Oberlohberg
P
START
Franzosenstraße
Rhein
7
Im Fort
Rothbach
Epinghoven
Rheinaue Walsum
Oberhausener Str.
Hans-Böckler-Str.
Otto-Brenner-Str.
8
Brink
Oberhausen
Sterkrade-Nord
Forststraße
Duisburg
Vierlinden
59
Emscher
Sterkrader Wald
2

2

Dinslaken

Konrad Adenauer ist bekannt als der erste Bundeskanzler der Bundesrepublik, als der „Alte aus Rhöndorf", der die Wirtschaft wundern ließ und Europas Einigung vorantrieb. Aber wussten Sie, dass er zeitlebens auch Erfinder war? Eine seiner Optimierungstüfteleien ist im Kleinen Teil dieser Tour.

52,7 km

3:23 Stunden bei 15,6 km/h

170 Meter ↗ **170 Meter** ↘

Auf Seite 6 finden Sie einen Hinweis, wo Sie die GPS-Daten kostenlos herunterladen können.

Erlebnis	●●●○○
Familientauglich	●●●○○
Schwierigkeit	●●○○○
Schwierigkeit E-Bike	●○○○○

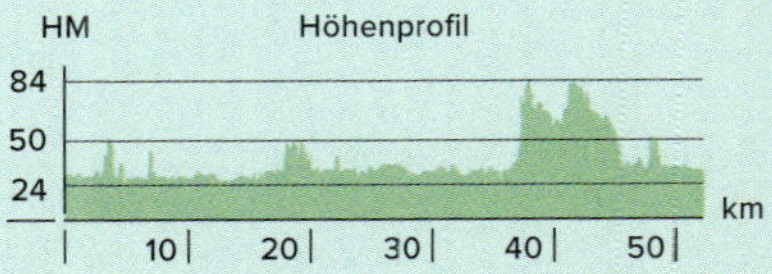

SEHENSWÜRDIGKEITEN
GEFÖRDERT VON DER NRW-STIFTUNG

1. Tenderingssee
2. Treidelschifferdorf Krudenburg
3. Lippeauen
4. Strommuseum · Zum Elsenberg 17b · 46514 Schermbeck
5. Wasserschloss Gartrop
6. Naturblumenwiese
7. Wind- und Wassermühle Hiesfeld · Am Freibad 5 · 46539 Dinslaken

An den Lippeauen erleben Sie ein malerisches Wechselspiel zwischen Land und Fluss.

SCHLAUCHAUTOMATEN

• Zweirad Vogel • Krengelstraße 131 • 46539 Dinslaken

• Bernd Vorstius • Bahnhofstraße 67 • 46562 Voerde

E-BIKE-LADESTATION

• Imbisswagen „Dudel Bude" • Auf dem Dudel 5 • 46569 Hünxe

Rhein, Lippe, Emscher, Rotbach und Wesel-Datteln-Kanal, drumherum ganz viel Natur: Dinslaken an der Schnittstelle zwischen dem eher beschaulichen Niederrhein und der lebendigen Metropole Ruhr gilt berechtigterweise als das grüne Tor zum Ruhrgebiet. Das wird Ihnen vom Start weg bewusst, denn Sie müssen nicht mal 2 Kilometer in die Pedale treten, um ebendort zu sein: im Grünen. 50 Kilometer sind zwar nicht gerade wenig, dennoch ist ein kleiner Schlenker zum **Tenderingssee** 1 empfehlenswert. Natürlich besonders im Sommer, wenn das dortige Strandbad zu einem Sprung ins kühle Nass verführt. Und danach radelt es sich gleich besser, weil herrlich erfrischt, weiter. Rechter Hand sorgen Orte und kleine Gewerbegebiete für etwas Urbanität, links grünen Felder und Wälder, bald ergänzt der Wesel-Datteln-Kanal mit dem beruhigenden Fluss des Wassers das Landschaftsbild - so lässt es sich entspannt dahinradeln.

Kurz nach der Überquerung des Kanals lohnt sich ein Stopp im ehemaligen **Treidelschifferdorf Krudenburg,** 2 das zu Hünxe gehört. Am Eingang zum alten Dorfkern befindet sich auf der linken Seite die Krudenburg, ein ehemaliger Rittersitz, der nur von dieser Seite einsehbar ist. An der Mauer vor dem Grundstück ist eine Tafel mit einer Gravur des Hafens an der Lippe mit allen Häusern und den Namen der damaligen Bewohner angebracht. Gasthäuser gibt es hier leider nicht mehr, aber ein kleiner, feiner Ersatz ist der Retro-Imbisswagen **„Dudel Bude"** am Ortseingang. Zur Stärkung gibt es Kuchen und Waffeln, bei schönem Wetter auch Herzhaftes vom Grill. Geöffnet ist von Ostern bis Oktober, samstags und sonntags sowie an Feiertagen jeweils von 12 bis 18 Uhr.

Durch die ursprüngliche und wildwüchsige Natur der **Lippeauen** 3 mit alten Obstbäumen, Hecken und Kopfbäumen und die Wälder der Loosenberge geht es weiter. Ihr nächster Halt: Schermbeck-Damm. Beziehungsweise der alte weiße Trafoturm mit seinem prägnanten Ochsenemblem - Wappen des hiesigen Schützenvereins - auf einer Seite. Damm war früher eine Gemeinde, die sich über diesen Turm selbst mit Strom versorgt hat. Was lag da näher, als in der Landmarke das kleinste **Strommuseum** 4 der Welt einzurichten? Auf gerade mal 12 Quadratmetern stapeln sich Reisebügeleisen, Rasierapparate, Radios. Und irgendwo mittendrin liegt ein beleuchteter Stopfpilz. Genau der wurde von keinem Geringeren als Konrad Adenauer erfunden, der das kleine Hilfsmittel in seinem Patentantrag als „Einrichtung zur Verbesserung von Geweben" bezeichnete. Gemeint war: Der Stopfpilz sollte bei weniger Licht das Flicken von Löchern erleichtern.

Erneut radeln Sie ein Stückchen zwischen Lippe und Wesel-Datteln-Kanal entlang. Auf diesen Metern kommen Sie an einem der schönsten Adelssitze in dieser Gegend vorbei, am **Wasserschloss Gartrop.** 5 Die von einem englischen Landschaftsgarten umgebene Anlage besteht aus einem barocken Herrenhaus, einer Vorburg und zwei Torhäusern sowie einer Wassermühle. Sie kann jeden zweiten Donnerstag im Rahmen von

INFO Von Mai bis Oktober ist das Strommuseum jeweils am ersten Sonntag des Monats von 11.30 bis 16 Uhr geöffnet. Auch eine individuelle Führung können Sie vereinbaren: 02853/840. www.turmverein-damm.de

SEHENSWERTES AM WEGESRAND Im Naturschutzgebiet Loosenberge versteckt sich ein etwa 1 Kilometer langer Rundweg (Start ist am Wanderparkplatz Loosenberge an der B 58) durch eine der größten Wacholderheiden des Niederrheins. Die prächtigen duftenden Sträucher ragen säulenartig empor oder wachsen kugelförmig am Boden - eine ganz besondere Auszeit!

Durch die idyllische Lage im Rotbachtal ist der Rotbachsee ein beliebter Freizeit- und Erholungsort.

Veranstaltungen des dort ansässigen Landgasthofs besichtigt werden. Ab der **Schleuse Hünxe** wiederholt sich das Streckenbild vom Beginn der Tour, nur noch grüner und idyllischer. Denn nur Gehöfte, Golfclubs und Reiterhöfe schmiegen sich an Wälder, Felder und Bachtäler. Besonders im Frühling und im Sommer ist eine **Naturblumenwiese** 6 an der Buschstraße – kurz nachdem Sie eine größere Landstraße überquert haben – ein wunderschöner Ort zum Verweilen und Seele-baumeln-Lassen. Picknicken Sie hier auf der Holzbank und bestaunen Sie die herrliche Blütenpracht!

Es ist faszinierend zu beobachten, wie die großen Rhein-Frachtschiffe die Schleuse Hünxe passieren.

Bald darauf erreichen Sie die bestimmende Wasserader Dinslakens. Nein, es ist nicht der Rhein, sondern der Rotbach, der in Oberhausen-Königshardt entspringt und bei Möllen in den Rhein mündet. Er durchquert auch das Mühlendorf Hiesfeld, an dessen Ortsrand ein Wehr den Rotbach zum Rotbachsee aufstaut. In Hiesfeld selbst stehen zwei restaurierte Mühlen: Die

Windmühle 7 wurde 1822 erbaut, die **Wassermühle** 7 stammt sogar aus 1693. In der Wassermühle ist inzwischen ein Mühlenmuseum eingerichtet, das über 60 Modelle verschiedenster Mühlen zeigt und so über einen wichtigen Teil landwirtschaftlicher Tradition aufklärt. Sehenswert ist auch der Mühlenhof hinter dem Museum, vor allem wegen des Backofens, in dem noch heute zu besonderen Anlässen Brot nach traditionellen Rezepten gebacken wird. Auch der kegelförmige Turm der Windmühle, der ganze drei erhaltene Mahlwerke beherbergt, begeistert Besucher immer wieder aufs Neue. Um beide Mühlen kümmern sich seit den späten 1970er-Jahren die Mitglieder des Mühlenvereins Hiesfeld. Schon sind Sie wieder in Dinslaken. Haben Sie nach dieser Tour de Natur noch Lust auf einen Erkundungstrip durch die Stadt? Die Möglichkeiten dafür sind unzählig. Da sind beispielsweise die Altstadt mit ihren historischen Gebäuden, viele schöne Plätze mit ganz eigenem Charme und das **Museum Voswinckelshof** mit einer stadthistorischen Dauerausstellung. Unbedingt sollten Sie der als **Gartenstadt Lohberg** bekannten Bergarbeitersiedlung mit der gleichnamigen Zeche einen Besuch abstatten. Nicht zu vergessen das **Burgtheater,** das in die Überreste der einstigen Burganlage eingebettet ist. Findet dort vielleicht gerade das mehrtägige Festival „FANTASTIVAL" mit Highlights aus Kabarett, Comedy, Theater, Musical, Rock und Pop statt? Dann könnte diese Tour einen Abschluss kultureller Art finden.

INFO Von Mai bis September ist das Mühlenmuseum bei freiem Eintritt am ersten Samstag von 11 bis 13 Uhr geöffnet. Die Windmühle ist wegen des Befalls mit Holzkäfern aktuell nicht begehbar und wird erneut von Grund auf restauriert.

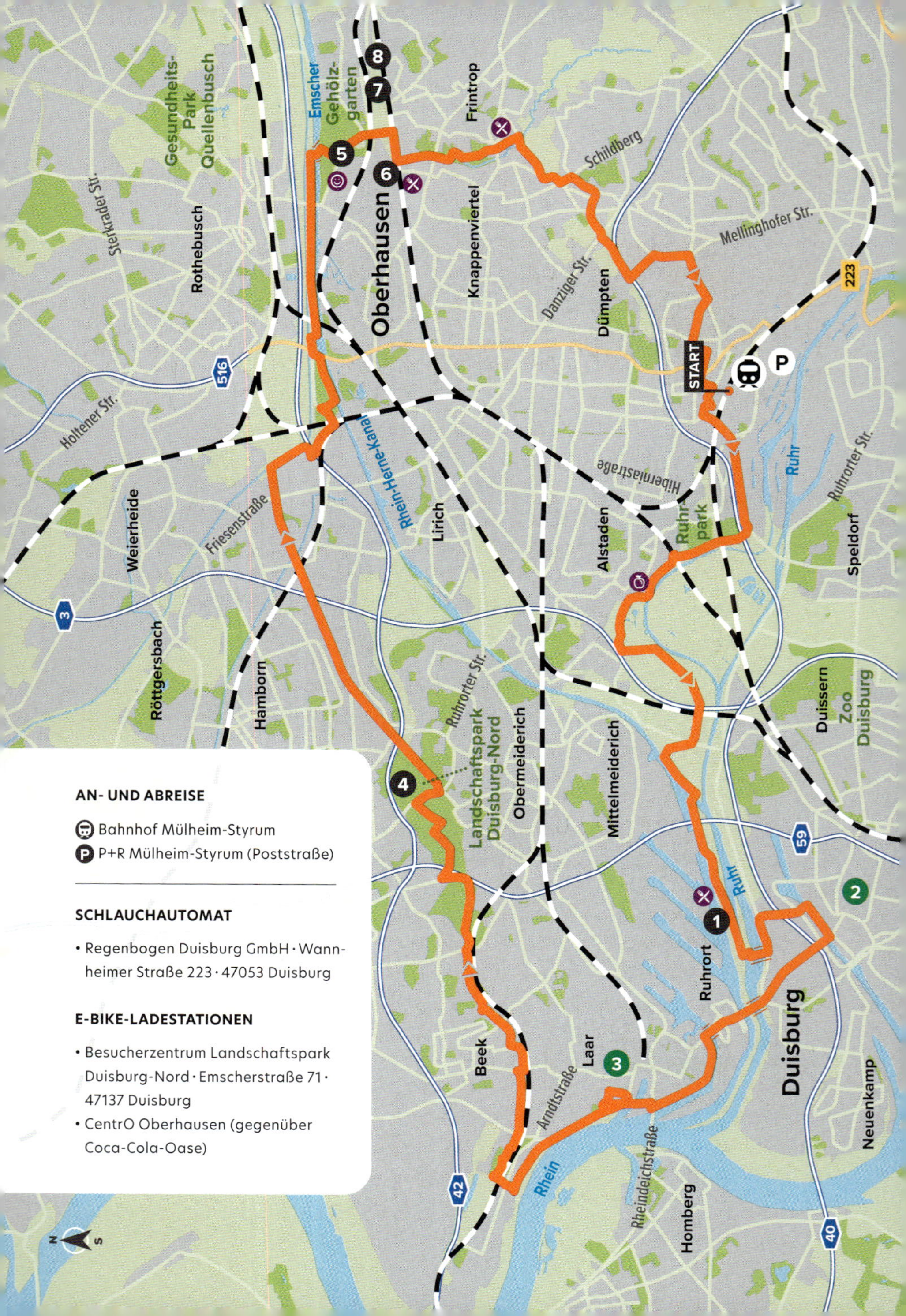

AN- UND ABREISE

- Bahnhof Mülheim-Styrum
- P+R Mülheim-Styrum (Poststraße)

SCHLAUCHAUTOMAT

- Regenbogen Duisburg GmbH · Wannheimer Straße 223 · 47053 Duisburg

E-BIKE-LADESTATIONEN

- Besucherzentrum Landschaftspark Duisburg-Nord · Emscherstraße 71 · 47137 Duisburg
- CentrO Oberhausen (gegenüber Coca-Cola-Oase)

3

Duisburg

Wunderschöne Auenlandschaften, Industriedenkmäler, Landmarken: Auf dieser Tour entdecken Sie den Ruhrpott rund um Duisburg und Oberhausen von seiner abwechslungsreichsten Seite. Aber fit im Straßenverkehr sollten Sie sein, denn Sie sind häufig abseits von Radwegen unterwegs.

43,8 km

2:49 Stunden bei 15,5 km/h

160 Meter **160 Meter**

Auf Seite 6 finden Sie einen Hinweis, wo Sie die GPS-Daten kostenlos herunterladen können.

Erlebnis	●●●●●
Familientauglich	●●●●○
Schwierigkeit	●●●○○
Schwierigkeit E-Bike	●○○○○

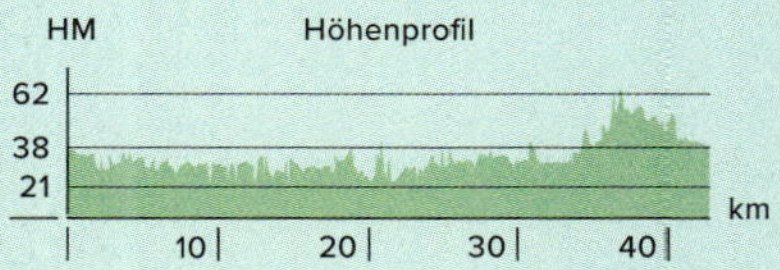

SEHENSWÜRDIGKEITEN

GEFÖRDERT VON DER NRW-STIFTUNG

1. Innenhafen Duisburg
2. Kultur- und Stadthistorisches Museum · Johannes-Corputius-Platz 1 · 47051 Duisburg
3. Museum der Deutschen Binnenschifffahrt · Apostelstraße 84 · 47119 Duisburg
4. Landschaftspark Duisburg-Nord
5. Emscher Landschaftspark
6. Gasometer Oberhausen
7. Landmarke „Zauberlehrling"
8. Haus Ripshorst

LIEBLINGSTOUR VON DOREEN KÖSTLER

Diese Route ist eine perfekte Mischung aus buntem Großstadttrubel, beschaulicher Idylle am Rhein und an Kanälen und Industriekultur-Sightseeing. Kurz: wie für mich gemacht. Ein persönliches Highlight: Endlich habe ich den „Zauberlehrling" gesehen, den ich bisher nur von Fotos kannte.

Ankommen und runterkommen: Das gelingt Ihnen bereits auf den ersten Kilometern, wenn Sie durch das saftige Grün der Ruhrauen radeln, das beruhigende Spiel des Wassers beobachten und dem „Mäh, mäh"-Konzert von Schäfchenherden lauschen. Einen traumhaft schönen Blick auf diese Szenerie genießen Sie am Panorama-Rastplatz am Ruhrtalradweg – vielleicht schon jetzt mit einem kleinen Picknick dazu? Weiter geht's durch die Ruhrauen, in der Ferne erhebt sich der Duisburger Hafen, der größte Binnenhafen Europas (manche behaupten sogar: der Welt) mit seinen Verladekränen. Eine kleine Brücke führt Sie schließlich über einen Verbindungskanal zwischen Ruhr und Hafenbecken. Auf ihr könnte man ewig stehen bleiben und die Ruhe auf der einen und das geschäftige Treiben auf der anderen Seite auf sich wirken lassen.

Vorbei an Gewerbegebieten und einem stillgelegten Schiffshebewerk erreichen Sie bald den **Duisburger Innenhafen,** 1 ein echtes Juwel im Ruhrgebiet, für das man sich am liebsten Tage Zeit nehmen möchte – einfach zum ausgiebigen Flanieren entlang des Ufers, das von feinen Genusspausen in einem der unzähligen **Restaurants** und **Cafés** unterbrochen wird. Zum Bewundern der modernen Architektur der „Five Boats" und nostalgischer Speichergebäude, zum Chillen und Aufs-Wasser-Schauen in der Marina. Und unbedingt auch zum Schlendern durch eindrucksvolle Museen

SEHENSWERTES AM WEGESRAND Außen industrielles Flair, innen Werke von Anselm Kiefer bis Gerhard Richter: Das MKM Museum Küppersmühle für Moderne Kunst liegt oberhalb der Route am Innenhafen, ist diesen kleinen Abstecher aber mehr als wert.

wie das **Kultur- und Stadthistorische Museum,** 2 an dem Sie die Route direkt vorbeiführt. Dieses Museum präsentiert die Duisburger Stadtgeschichte vom frühen Mittelalter bis zur Neuzeit, beheimatet die berühmte Mercator-Sammlung sowie besondere Exponate wie die legendäre abgerockte Jacke von Tatort-Kommissar Horst Schimanski.

Nehmen Sie die besondere Atmosphäre des Innenhafens in sich auf, gönnen Sie sich eine Pause, bevor Sie weiterradeln. Vielleicht unternehmen Sie diese Tour ja am zweiten Sonntag in den Monaten April bis Oktober? Dann können Sie auf dem Marina-Markt frische Waren vom Wochenmarkt probieren, nationale und internationale Speisen und Getränke genießen und danach mit Blick auf die vor Anker liegenden Schiffe die Seele baumeln lassen.

Zurück im Sattel wird die Route durch den Duisburger Ortsteil Kaßlerfeld deutlich urbaner und industrieller. Sie überqueren mehrere Brücken und sehen immer wieder riesige Container-Sammlungen oder Schiffsladungen, die noch nicht von Lkws aufgenommen wurden. Doch irgendwann biegen Sie in eine Straße mit herrlich altem Baumbestand ein, die Sie direkt zum Rhein führt. Hier, an der Schifferbörse, liegt das Museumsschiff „Oscar Huber", ein Seitenrad-Schleppdampfer, der 1922 gebaut wurde, vor Anker. Bis in die 1960er-Jahre zog er pro Reise bis zu sieben antriebslose Kähne mit ihren Frachten und steht damit für eine Technologie, die mehr als 100 Jahre im Einsatz war. Der Dampfer ist Bestandteil des **Museums der Deutschen Binnenschifffahrt,** 3 an dem Sie die Tour vorbeiführt.

Das wiederum bereitet auf drei Etagen Schifffahrtsgeschichte von der Steinzeit bis in die Gegenwart interaktiv, multimedial und mit detailgetreuen Modellen zum Anfassen auf. Die ehemalige Herren-Schwimmhalle ist der Geschichte der Fortbewegung auf den Flüssen vom Einbaum bis zum modernen Schubverband sowie

Getreu dem Motto „Mit WestLotto das Land erfahren" können die Teilnehmer Natur, Kultur und Geschichte von NRW kennenlernen.

SEHENSWERTES AM WEGESRAND Sind Sie „Tatort"-Fan der ersten Stunde? Dann müssen Sie an der Horst-Schimanski-Gasse anhalten, die erst seit 2014 so heißt und vorher namenslos war. Auf geführten Touren können Sie auf Schimmis Spuren wandeln. Die 2021 aufgestellte Bronze-Büste weist Ihnen den Weg.

Blickfang in der ehemaligen Herren-Schwimmhalle ist die Tjalk „Goede Verwachting", ein Lastensegler aus dem Jahr 1913.

dem Schiffbau gewidmet. Im Zentrum der ehemaligen Damen-Schwimmhalle steht ein begehbarer und vor allem bei Kindern beliebter Nachbau eines Binnenschiffes, der zum Erkunden und Spielen einlädt.

Im Landschaftspark Duisburg-Nord verbinden sich Industriekultur und Natur.

Sie radeln weiter – ganz erhaben auf der Deichkrone, links fließt gemütlich der Rhein dahin – und passieren Wohngebiete und eine Kleingartenanlage, irgendwann dichten Wald und eine wunderschöne Allee: Das ist einfach wunderbar entspannendes Vor-sich-hin-Radeln. Bis der **Landschaftspark Duisburg-Nord** 4 Sie daran erinnert, dass Sie im von der Industrie geprägten Ruhrgebiet unterwegs sind. Über das weiträumige Gelände wandern, in einem alten Gasometer tauchen, in Erzlagerbunkern klettern, eine Gießhalle über Hochseilgärten erkunden: Es gibt so viele Möglichkeiten, den Park für sich zu erschließen. Die für mich schönste, aber leider nicht mit einer Tagesradtour vereinbare Variante ist eine geführte Nachtwanderung, wenn alles farbenfroh illuminiert ist und Sie mit einer Stirn- oder Taschenlampe ausgerüstet Landschaft und Gebäude entdecken.

2009 machte die NRWRadtour halt im Landschaftspark Duisburg-Nord.

Idyllische Ruhrauen, trubeliger Innenhafen und spektakulärer Landschaftspark: Sie meinen, die Tour kann gar nicht mehr schöner werden? Herzlich willkommen im **Emscher Landschaftspark!** 5 Auf breiten Wegen fahren Sie durch Wiesen und Alleen entlang der (Alten) Emscher und stehen doch plötzlich vor alten, von Wein berankten Industrieanlagen. Im Herzen des Parks können sich kleine und große Kinder auf einem Wasserspielplatz ☺ austoben oder sich – gut gesichert – an Boulderwänden ausprobieren.

TIPP Für Fans der „Ehrlich Brothers" und alle, die Spaß daran haben, sich für zwei Stunden auf ein magisches Erlebnis einzulassen, bietet sich ein Besuch im „House of Magic" im CentrO an.

Nach dem Landschaftspark rollen Sie auf einer gut ausgebauten Bahntrasse in Richtung Rhein-Herne-Kanal und haben den Gasometer Oberhausen bereits fest im Blick. Bitte Vorsicht, an manchen Stellen der Bahntrasse müssen Sie Autos Vorfahrt gewähren! Seit seiner Stilllegung hat sich der **Gasometer** 6 zu einem Wahrzeichen Oberhausens entwickelt. Ende der 1920er-Jahre erbaut, erinnert Europas größter Scheibengasbehälter an die Schwerindustrie im Ruhrgebiet und liefert heute einen einzigartigen Rahmen für verschiedenste kulturelle Erlebnisse. Ein Besuch lohnt sich! Besonders die Dauerausstellungen, die immer wieder spektakulär inszeniert sind, sind sehenswert.

Weiter geht's - und wieder am Wasser entlang. Sie entdecken erst die Tausendfüßlerbrücke, eine architektonisch bemerkenswerte Fußgängerbrücke über den Rhein-Herne-Kanal, den Emscherkanal und die A 42, und kurze Zeit später die einzigartige **Landmarke „Zauberlehrling“, 7** den tanzenden Strommast, der mitten auf einer struppigen Wiesenfläche steht. Eigentlich sollte die Konstruktion nur eines der Highlights der „Emscherkunst 2013“ sein, erfreute sich aber so großer Beliebtheit, dass sie nun permanent bleibt. Direkt dahinter befindet sich das **Haus Ripshorst 8** mit einem Informationszentrum zum Emscher Landschaftspark und einem Gehölzgarten als wunderschöner Oase der Ruhe: Ein 200 Meter langes und 60 Meter breites Gehölzband mit über 6.000 Bäumen lädt Sie zu einem Spaziergang durch die Vegetationsentwicklung von 60 Millionen Jahren ein.

GASTRO-TIPP Im Außenbereich vom CentrO Oberhausen befindet sich die Restaurantmeile mit einer großen Auswahl verschiedener Landesküchen.

Jetzt befinden Sie sich bereits auf dem Rückweg nach Mülheim-Styrum. Die Route führt Sie durch kleine Waldstücke, Wohngebiete und am ehemaligen Mannesmann-Gebiet vorbei, hier und dort blicken Sie auf alte Werke, in denen allerdings nichts mehr produziert wird. Möchten Sie den Tag in idyllischer Atmosphäre und bei einem leckeren Essen ausklingen lassen? Dann biegen Sie an der Dümptener Straße am Blumenfeld links auf den Hexberg ein und steuern das **Liebling im Mühlenbach** an. Bis zum Ziel sind es dann nur noch wenige Kilometer ...

Eine markante Landmarke, die gute Laune macht.

AN- UND ABREISE

Bahnhof Düsseldorf-Benrath

Kiss+Ride Bahnhof Düsseldorf-Benrath

SCHLAUCHAUTOMAT

- Fähranleger Urdenbach · Am Ausleger 4 · 40593 Düsseldorf

E-BIKE-LADESTATION

- Restaurant „Rheinterrasse" · Deichstraße 16 · 41468 Neuss-Uedesheim

4

Düsseldorf

Diese Tour könnte – und müsste aus meiner Sicht als Wahl-Düsseldorferin – mehr als sechs Seiten füllen. Sie werden es beim Lesen bemerken: Linksrheinisch lasse ich Sie irgendwann die Kilometer geradezu abspulen. Und trotzdem bleibt es ein Mix aus touristischen und kleinen, aber feinen Highlights.

53,1 km **Fähre**

3:35 Stunden bei 14,8 km/h

180 Meter (Anstieg) **180 Meter** (Abstieg)

Auf Seite 6 finden Sie einen Hinweis, wo Sie die GPS-Daten kostenlos herunterladen können.

Erlebnis	●●●●●
Familientauglich	●●●○○
Schwierigkeit	●●○○○
Schwierigkeit E-Bike	●○○○○

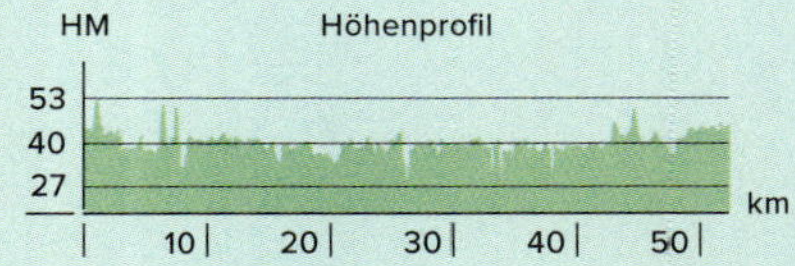

SEHENSWÜRDIGKEITEN

GEFÖRDERT VON DER NRW-STIFTUNG

1. Schloss Benrath
2. Naturschutzgebiet Urdenbacher Kämpe
3. Haus Bürgel · Urdenbacher Weg · 40789 Monheim am Rhein
4. Treideldenkmal
5. Medienhafen
6. Rheinturm
7. Pegeluhr
8. Schifffahrtsmuseum im Schlossturm · Burgplatz 30 · 40213 Düsseldorf
9. Geburtshaus von Heinrich Heine · Bolkerstraße 53 · 40213 Düsseldorf

Düsseldorf zählt zu den deutschen Großstädten mit den meisten Schlössern. Nicht alle haben einen eigenen Park, nicht alle sind öffentlich zugänglich. Und keines von ihnen ist so beeindruckend wie **Schloss Benrath,** 1 das sich mit einem idyllischen Weiher davor und einem 60 Hektar großen Park dahinter präsentiert. Schließlich wird es nicht umsonst „rheinisches Versaille" genannt. Prägnant ist die Farbe der Fassade in Pfirsichblütenrosa. Das war angeblich die Lieblingsfarbe von Kurfürst Carl Theodor von der Pfalz, für den das Schloss im 18. Jahrhundert erbaut wurde.

Schloss Benrath: barocke Schönheit in Pfirsichblütenrosa.

TIPP Wenn es Ihr Kalender hergibt: Kommen Sie zwei Tage in die Landeshauptstadt! Die Tour ist sowieso eher lang und lässt sich gut splitten. Oder Sie fahren sie an dem einen Tag und erkunden Ihre Top 10 daraus am nächsten. Das wird auch nicht reichen, ist aber ein guter Anfang ...

An dieser barocken Schönheit vorbei und durch den Park radeln Sie zum **Naturschutzgebiet Urdenbacher Kämpe,** 2 einem fast unberührten Stück Natur ohne Deiche. Ursprünglich floss hier mal der Rhein, der bei einem Extremhochwasser 1374 sein Flussbett kurzerhand verlegte. Heute ist die Kämpe eine einzigartige Landschaft mit alten Rhein-Armen, Auwäldchen und Streuobstwiesen. Mächtige Pappeln stehen über weiten Wiesen, alte Kopfweiden breiten sich am Wegesrand aus, seltene Tiere und Pflanzen haben hier ihre Heimat. Seit 2013 wurde die Urdenbacher Kämpe teilweise wieder renaturiert. Ein Teil des Geländes steht auch bei normalem Stand des Rheins unter Wasser, bei Hochwasser wird oft das gesamte Areal geflutet.

Mitten in der Kämpe und bereits auf Monheimer Stadtgebiet liegt **Haus Bürgel.** 3 Im 4. Jahrhundert wurde es als römisches Kastell mit zwölf Wachttürmen errichtet. Damals war die Kämpe noch linksrheinisch und für die Römer ein wichtiger Verteidigungsstützpunkt, was sich - wie Sie schon wissen - 1374 geändert hat. Nach den Römern wurde Haus Bürgel erst ein Gutshof zur landwirtschaftlichen Nutzung und später ein Rittergut. Heute finden sich in den Mauern ein römisches Museum, eine biologische Station und eine Pferdezucht. Den Verlauf der Kastellmauern zeichnet der jetzige Vierkanthof weitgehend nach, was dafür ausschlaggebend war, dass Haus Bürgel seit 2021 Teil des UNESCO-Welterbes ist.

Am Pyramidenstein „Toter Waidmann", der an einen von einem Wilderer erschossenen Förster erinnert, biegen Sie Richtung Fähranleger Urdenbach ab, setzen über und folgen der Route nach rechts. Eigentlich! Auch wenn mir bewusst ist, dass 52 Kilometer nicht gerade wenig sind und noch viel Entdeckenswertes auf Sie wartet: Besuchen Sie Zons! Das Städtchen mit Stadtmauer, Wachttürmen und einer viele Hundert Jahre alten Windmühle führt Sie auf eine Reise in längst vergangene Zeiten und in den Gassen laden **Restaurants** und **Cafés** zum Verweilen ein. Verzichten Sie auf den Ausflug, kehren Sie vor der Weiterfahrt im **Fährhaus Zons** ein und beobachten vom gemütlichen Außenbereich das Treiben um sich herum. Von Montag bis Sonntag wird Ihnen von 11 bis 22 Uhr ein Mix aus moderner und klassischer Küche serviert. Immer lecker!

Um das Naturschutzgebiet Zonser Grind, eine Halbinsel im Rhein, radeln Sie in einem Bogen nach Stürzelberg. Stoppen Sie gern am **Treideldenkmal** 4 und schlendern zum Aussichtspunkt Kapellenberg, von dem aus Sie einen fantastischen Blick auf diese Rheinschleife haben. Weiter geht's ein kurzes Stück über die B 9 - sehen Sie links den Silbersee, müssen Sie gleich rechts abbiegen und sehen bei Niedrigwasser den hier versunkenen **Aalkutter.** Die Tour geht weiter am Rhein entlang, dann durch das Naturschutzgebiet Uedesheimer Rheinbogen, wo Sie ab und zu einen Blick auf die Fleher Brücke erhaschen. Später überqueren Sie die Josef-Kardinal-Frings-Brücke und sind zurück in Düsseldorf.

TIPP AuenErlebnisBegleiter bieten jeden ersten Sonntag im Monat eine themenspezifische Wanderung durch die Urdenbacher Kämpe an. Außerdem können Sie mit ihnen individuelle Termine vereinbaren: www.auenblicke.de/website/auenerlebnisbegleiter.

INFO Bei Hoch- oder Niedrigwasser ist der Betrieb der Zonser Fähre entweder eingeschränkt oder ganz eingestellt. Ein Blick auf www.faehre-zons.de gibt schnell Aufschluss.

SEHENSWERTES AM WEGESRAND Klein, kleiner, mini: Von der Hammer Dorfstraße führt ein unscheinbarer Weg zum Bonsai-Museum, einem Freiluftmuseum, das auf einem Lehrpfad diese Form der asiatischen Pflanzenkunst vermittelt. www.bonsai-museum.de

Links begrenzt vom Rhein, rechts Felder an Bauernhöfen und Gewächshäusern: Das ist Kappes-Hamm, wie dieses Dorf im „Dorf" liebevoll heißt. Denn die Bauern im kleinsten Stadtteil bauen Kohl (= Kappes auf Düsseldorfer Platt) und anderes Gemüse oder Blumen an. Mit einem kleinen Schlenker um die Rochuskapelle und mit Sicht auf das gegenüberliegende Bruderhaus – beides im 18. Jahrhundert erbaut – können Sie den **Hammerblick** ansteuern. Der Name des Biergartens greift nicht nur den Ortsteil auf, sondern ist ein immer wieder gehaltenes Versprechen. Überzeugen Sie sich am besten selbst, jetzt oder auf dem Rückweg!

Bleiben Sie auf der Route, radeln Sie wenig später durch den **Medienhafen** 5 in seiner ganzen Pracht: Alte Speicherhäuser und moderne Gehry-Bauten formen sein eindrucksvolles Bild. Plus: **Restaurants** und **Cafés** unterschiedlicher Couleur – da ist garantiert für jeden was dabei. Der markante **Rheinturm** 6 ermöglicht Ihnen von seiner Aussichtsebene einen sensationellen Rundumblick. Übrigens: Zur Altstadtseite ist in seinen Mauern die größte Dezimaluhr der Welt verankert, die im Dunkeln zeigt, welches Stündlein gerade geschlagen hat. Es folgt das **KIT,** die Abkürzung für „Kunst im Tunnel", was sich unter der Rheinpromenade zwischen Autotunneln versteckt. Direkt an der Promenade lädt Sie das **Museumscafé** zur Rast ein. Oder ein paar Meter weiter einer der **Stadtstrände.** Die Promenade führt Sie direkt in die Altstadt mit ihrer historischen **Pegeluhr** 7 in der Nähe vom Burgplatz, die

Der Paradiesstrand: eine feinsandige Erholungsoase fernab vom Großstadttrubel.

optisch darüber hinwegtäuscht, dass in ihr modernste Technik Wasserstände misst. Auf kurzer Strecke gibt es einfach unglaublich viel zu entdecken ...

Burgplatz ist aber ein sehr gutes Stichwort. Fahren Sie an der Pegeluhr geradeaus, kommen Sie dort an. Garantiert fällt Ihnen der prägnante **Schlossturm** 8 ins Auge, das Überbleibsel des im 16. Jahrhundert erbauten und nach einem Brand im 19. Jahrhundert abgetragenen Schlosses. Seit 1984 wird in ihm eine der ältesten Sammlungen zur Rhein-Binnenschifffahrt präsentiert – mit Exponaten zur Schiffbaugeschichte, zu Handel und Reisen und zur Ökologie des Rheins. Richtig anschaulich wird das im **Café** auf der obersten Etage mit bester Aussicht auf den Fluss und die Schiffe.

Sie können zur Route zurücknavigieren oder Sie lassen sich ein wenig durch die Altstadt treiben. Irgendwann treffen Sie über Mühlenstraße und Kurze Straße auf die Bolkerstraße inmitten der **längsten Theke der Welt.** In ihrem letzten Drittel steht das **Geburtshaus von Heinrich Heine,** 9 einem der bekanntesten Söhne der Stadt – „Deutschland. Ein Wintermärchen" kennen Sie sicher von ihm. Nach umfangreicher Sanierung heißt das Gebäude seit 2006 „Heine Haus" und wird als Literaturhaus genutzt und geschätzt.

Aus der Altstadt fahren Sie über die Rheinpromenade zurück, kommen erneut am Rheinturm vorbei, überqueren eine kleine Brücke und folgen dem Rhein entlang des Hafens, der in diesem Teil von Industrie, Gewerbe und Logistik geprägt ist. Im Kontrast dazu steht der gegenüberliegende **Paradiesstrand.** Auf dieser über Trampelpfade erreichbaren feinsandigen Großstadtoase fühlt sich jede Minute wie Urlaub an. Und da sie nicht zentral liegt, haben Sie gute Chancen auf einen ruhigen Liege- oder Picknickplatz.

Hamm, Volmerswerth und Flehe folgen. Es wird ländlicher, der Rhein bleibt überwiegend in Sichtweite, bis Sie Benrath erreichen. Sie merken es: Auch die letzte Etappe ist ein Schnelldurchlauf, alles kann nur ein Vorgeschmack auf den nächsten Düsseldorf-Besuch sein ...

Im Schlossturm befindet sich eine der ältesten Sammlungen zur Rhein-Binnenschifffahrt.

SEHENSWERTES AM WEGESRAND In der Mühlenstraße befindet sich die Mahn- und Gedenkstätte Düsseldorf im westlichen Teil des Stadthauses. Seit 1987 ist dieser Platz wider das Vergessen nicht nur Forschungsstätte und Archiv, sondern auch Museum. Unter anderem gedenkt die Dauerausstellung „Düsseldorfer Kinder und Jugendliche im Nationalsozialismus" der Opfer nationalsozialistischer Gewalt.

AN- UND ABREISE

Bahnhof Zollverein-Nord

P Parkplatz A1 an der Zeche Zollverein

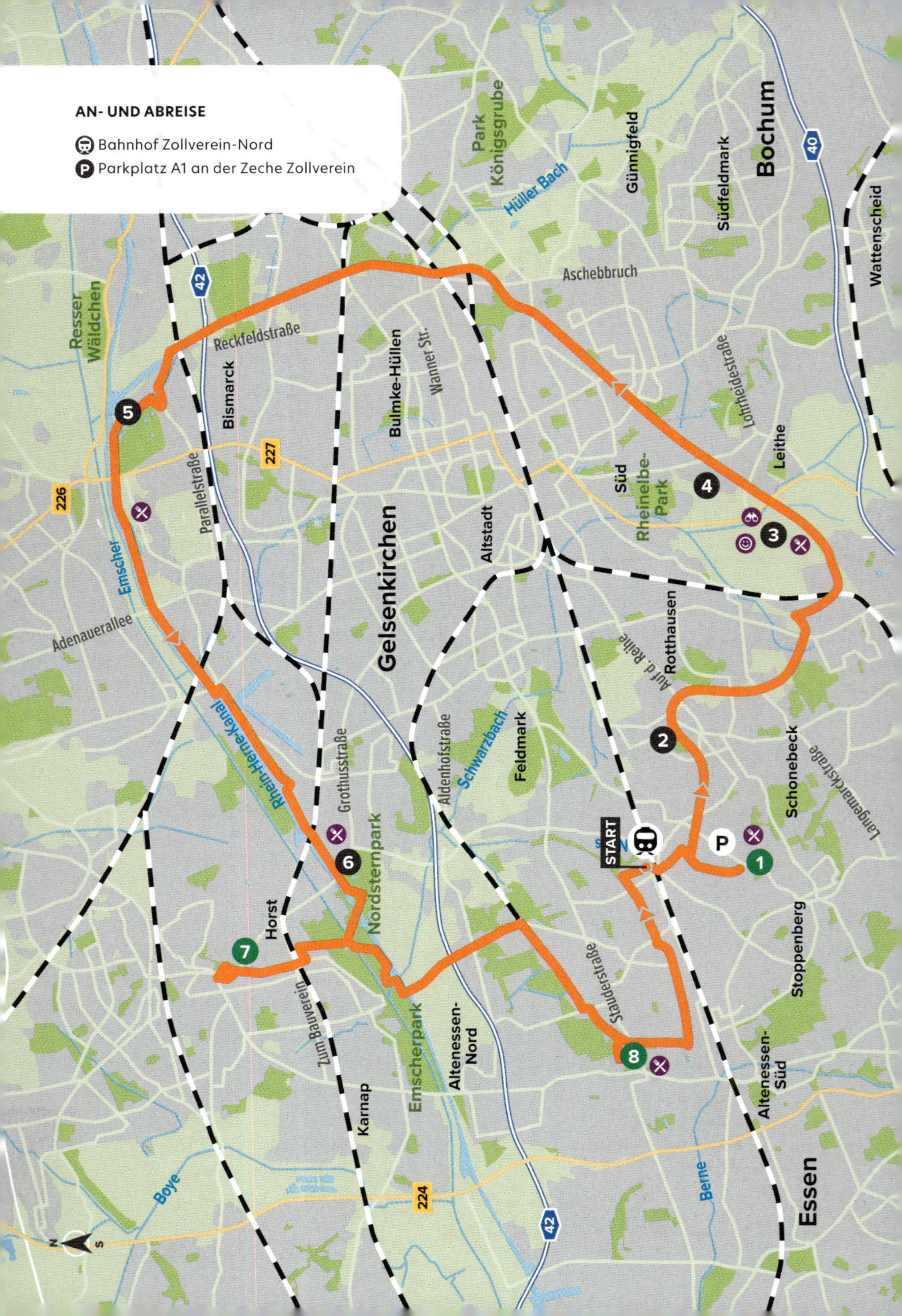

5

Gelsenkirchen

Radeln, wo Zechen und Industrieanlagen einst durch Dampfloks und Züge verbunden waren: Alte Bahntrassen mit besten Wegen und spektakulären Aussichten sind für Genussradler und Familien mit Kindern wie gemacht. Doch so kurz diese Route auch ist: Es gibt so viel mehr zu sehen, als hier beschrieben.

35,6 km
2:08 Stunden bei 16,6 km/h
130 Meter (Anstieg) **130 Meter** (Abstieg)

Auf Seite 6 finden Sie einen Hinweis, wo Sie die GPS-Daten kostenlos herunterladen können.

Erlebnis	●●●●●
Familientauglich	●●●●●
Schwierigkeit	●○○○○
Schwierigkeit E-Bike	●○○○○

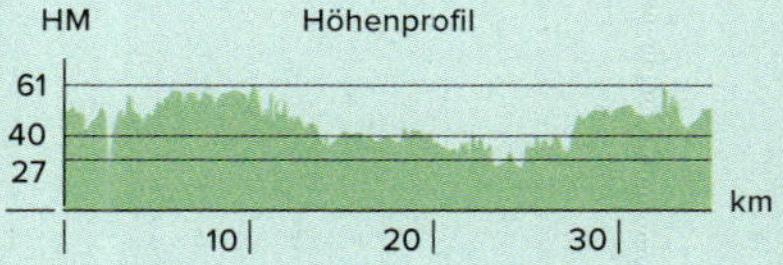

SEHENSWÜRDIGKEITEN
GEFÖRDERT VON DER NRW-STIFTUNG

1. Zeche Zollverein · Gelsenkirchener Straße 181 · 45309 Essen
2. „Phänomenia Erfahrungsfeld"
3. Naturschutzgebiet Mechtenberg
4. Halde Rheinelbe
5. Grimberger Sichel
6. Landschaftspark Nordstern
7. Erlebnismuseum Schloss Horst · Turfstraße 21 · 45899 Gelsenkirchen
8. Malakowturm (Zeche Carl) · Wilhelm-Nieswandt-Allee 100 · 45326 Essen

Zugegeben: Der Startpunkt ist etwas unfair gewählt, denn auf dem riesigen Gelände des UNESCO-Weltkulturerbes **Zeche Zollverein** 1 kann man Stunden, wenn nicht Tage zubringen. Bereits Mitte des 19. Jahrhunderts begannen am Schacht 1/2 die ersten Abteufarbeiten. Unter dem Einfluss der Bauhaus-Architektur realisierten die Architekten Fritz Schupp und Martin Kremmer dann von 1928 bis 1932 mit der Zentralschachtanlage XII einen Hochleistungskomplex mit klarer Struktur und hoher Funktionalität. Bis zur letzten Schicht im Jahr 1986 wurden hier 240 Millionen Tonnen Kohle abgebaut, in Spitzenzeiten waren bis zu 8.000 Bergleute im Schichtbetrieb beschäftigt, insgesamt haben bis zur Schließung mehr als 600.000 Menschen auf Zollverein gearbeitet. Bestimmt hätte keiner von ihnen gedacht, dass ihre Arbeitsstätte eines der weltweit imposantesten Industriedenkmäler und der **Doppelbock-Förderturm** DAS Wahrzeichen des Ruhrgebiets werden würde, von der Ehrung als Weltkulturerbe 2001 ganz zu schweigen.

Die Faszination der komplexen Maschinenwelt lässt sich bei Führungen oder beim Umrunden des gesamten Geländes auf der 3,5 Kilometer langen Ringpromenade (Denkmalpfad) heute noch erleben. Mindestens ebenso bedeutsam ist das kulturelle Leben, das sich mit Red-Dot Design Museum, Ruhr Museum inklusive der längsten freistehenden Rolltreppe Deutschlands, der neuen Folkwang Universität der Künste mit dem Fachbereich Gestaltung und zig Kreativunternehmen etablierte.

Sie merken es schon: Dieser Streckenteil ist nur ein Appetithäppchen. Aber er führt Sie durch das Herzstück mit dem Doppelbock-Förderturm. Vielleicht haben Sie am Ende der Tour noch ausreichend Zeit, das eine oder andere näher anzuschauen. Oder Sie lassen sich im **the mine** oder im **Casino Zollverein** kulinarisch verwöhnen und das Ambiente auf sich wirken; idealerweise reservieren Sie vorher ein paar Plätze.

SELF-SERVICE-RADSTATIONEN

- Erzbahnbude • Hinter Behmers Hof • 45886 Gelsenkirchen
- Heiners Biergarten • Nordsternpark Gelsenkirchen

E-BIKE-LADESTATION

- Radstation Zollverein • Gelsenkirchener Straße 181 • 45327 Essen

TIPP Die Zollverein-App ermöglicht GPS-geführte Rundgänge (auch speziell für Kinder) zu spannenden Orten. Highlights sind Augmented-Reality-Hotspots, die sich über QR-Codes aktivieren lassen. Dann drehen sich beispielsweise plötzlich die Seilscheiben des Doppelbocks.

Die Route führt Sie direkt auf den Zollvereinweg, eine kurze Bahntrasse, die später in die Kray-Wanner-Bahn und die Erzbahntrasse übergeht. Bahntrassenradeln ist toll: Man ist abseits des Autoverkehrs und damit sicher unterwegs, selbst wenn man mal mehr, mal weniger stark befahrene Straßen queren muss. Dass die früher entlangzuckelnden, schwer beladenen Züge keine großen Steigungen bewältigen konnten, kommt heute Radelnden zugute: Maximal 2 Prozent sind zwar spürbar, aber erschöpfen nicht. Das Beste jedoch ist: Man hat eine ganz andere Sicht auf Landschaft und Orte, kann Aus- und Einblicke genießen, ohne konzentriert auf den Untergrund zu achten. Denn die Wege sind breit und überwiegend asphaltiert.

So rollen Sie dahin, links und rechts Büsche und Bäume, Parks und Gewässer. Ab und zu schauen Sie von Brücken ins Drumherum oder nach unten. Wie gesagt: Die Wege lassen dieses fast meditative Herumgucken zu. Und wenn Sie etwas Schönes am Wegesrand entdecken, legen Sie einfach eine Erkundungspause ein. Beispielsweise am **„Phänomenia Erfahrungsfeld“,** 2 das noch zum Areal der Zeche Zollverein gehört. In diesem Mitmachmuseum können Kleine und Große auf eine Wissenschaftssafari voller Illusionen, Täuschungen und naturwissenschaftlicher Phänomene gehen.

Ihr nächster Stopp kann das **Naturschutzgebiet Mechtenberg** 3 sein, das sich bald links von Ihnen erstreckt. Bei **Bauer Budde** genießen Sie selbst gebackene Kuchen, Kinder knüpfen im Streichelzoo Kontakt zu Bauernhoftieren oder fahren Trettrecker. ☺ Ob blühende

INFO Öffnungszeiten und Ticketpreise des „Phänomenia Erfahrungsfelds“ finden Sie unter www.erfahrungsfeld.de.

INFO Saisonal sind Hofcafé und Hofladen unterschiedlich geöffnet, schauen Sie deshalb vorher am besten auf der Website nach: www.bauer-budde.de.

GASTRO-TIPP An der Schnittstelle von Erzbahntrasse und Emscherradweg steht die Erzbahnbude, ein Imbisswagen, der bei Radfahrern Kultstatus hat. Von November bis Ostern ist sie allerdings geschlossen.

Mehr als 1.000 Teilnehmer lockt die NRWRadtour jedes Jahr.

SEHENSWERTES AM WEGESRAND Bei der auf einem Förderturm der alten Zeche Nordstern stehenden Figur mag sich so mancher an den ehemaligen Landesvater Johannes Rau erinnert fühlen. Doch bei der von Markus Lüpertz geschaffenen Monumentalstatue mit überdimensionalem Kopf handelt es sich um den Herkules von Gelsenkirchen.

Obstbäume, grüne Alleen oder goldenes Herbstlaub: Auch für einen intensiveren Abstecher zu Fuß oder mit dem Rad eignet sich die renaturierte Altlastendeponie zu jeder Jahreszeit. Zwischendrin stehen unter anderem eine Aussichtsplattform auf den Landschaftspark und vier Basalt-Klangstelen. Die sind im Inneren ausgehöhlt, fangen das Rauschen des Windes ein und erzeugen fast magisch klingende Töne.

Kurz im Sattel, könnten Sie an der **Halde Rheinelbe** 4 schon wieder absteigen, die der Künstler Herman Prigann in ein Kunstkonzept einarbeitete. Spiralförmig angeordnete Wege führen hinauf bis zur rund 10 Meter hohen „Himmelstreppe", die aus 35 übereinandergestapelten Betonquadern besteht. Und im Skulpturenwald schweben neu zusammengefügte alte Metallteile oder schlichte Betonklötze scheinbar schwerelos auf Holzpfählen. Das Ensemble lässt Sie auf jeden Fall staunen, aber vielleicht wegen des einen oder anderen Objekts etwas ratlos weiterradeln ...

Jetzt machen wir ein paar Meter, okay? Im Schnelldurchlauf: Bahntrassen und am Rand davon alles, was städtisches Leben, was Ruhrpott-Leben mit sich bringt: Wohn- und Gewerbegebiete, Kleingartenanlagen, Spielplätze, Grün auf beiden Seiten, irgendwann rechts der Hafen Grimberg und links Ausläufer der „ZOOM Erlebniswelt", die aus dem ehemaligen Ruhrzoo entstanden ist.

An der **Grimberger Sichel,** 5 die sich elegant über den Rhein-Herne-Kanal schwingt, biegen Sie links ab. Grimberger Sichel? Das ist eine Fuß- und Radbrücke über den Kanal, die durch ihre asymmetrische Stahlkonstruktion nicht nur ein echter Hingucker ist, sondern sogar mit dem European Steal Bridges Award ausgezeichnet wurde.

Nach einem kleinen Waldstück radeln Sie entspannt am Rhein-Herne-Kanal entlang und passieren die Stölting-Marina, einen wunderschönen Hafen mit Einkehrmöglichkeiten auf dem Areal wie dem **M ONE Beachclub** und dem **Harbor Café.** Sie erreichen die Schleuse Gelsenkirchen mit ihren beiden parallel liegenden Schleusenkammern und sehen von dort aus bereits den **Landschaftspark Nordstern,** 6 der so groß wie 130 Fußballfelder ist. Einen kulinarischen Stopp können Sie sowohl in **Heiners Biergarten** (mit einer Self-Service-Radstation ausgestattet) oder im dazugehörigen **Cloud7** mit Wölkchen über den Tischen einlegen. An mehreren Stellen des Parks bilden Brücken gut sichtbare Landmarken. Besonders die den Rhein-Herne-Kanal überspannende rote Doppelbogenbrücke hat sich mit ihrer asymmetrischen Gestaltung zu einem Wahrzeichen entwickelt.

Erbaut zur Bundesgartenschau 1997: die Doppelbogenbrücke.

Über genau diese Brücke fahren Sie Richtung **Erlebnismuseum Schloss Horst** 7 vorbei am Eingang zu einem Bergstollen und alten Kipploren. Schloss Horst ist eines der ältesten Gebäude Gelsenkirchens und eines der bedeutendsten Renaissanceschlösser Westfalens. Auf verschiedenen Ebenen wird das Leben und Arbeiten in dieser Zeit vermittelt. Im Untergeschoss lassen sich beispielsweise Arbeitsplätze der Handwerker spielerisch entdecken, im oberen Bereich folgt ein Rundgang durch den Emscherbruch. Zuletzt gibt das Arbeitszimmer des Schlossherrn Rutger von der Horst Einblick in die Welt des Adels.

Im Erlebnismuseum Schloss Horst wird das Leben und Arbeiten im Zeitalter der Renaissance gezeigt.

Erneut durch den Nordsternpark und über den Rhein-Herne-Kanal radeln Sie durch Essener Grünflächen wie den Kaiser-Wilhelm-Park bis zur ehemaligen **Zeche Carl.** 8 Als Förderturm diente hier von Beginn an keines der sonst zechentypischen Stahlgerüste, sondern der noch heute vorhandene **Malakowturm** - benannt nach Fort Malakow auf der Krim - mit rechts und links angeschlossenen zweigeschossigen Maschinenhäusern. 1856 erbaut, gehört er zu den ältesten erhaltenen seiner Art im Ruhrgebiet. Direkt vor dem Turm befindet sich das gleichnamige **Restaurant** mit riesigem Biergarten.

Das letzte Stück bringt Sie mit Blick auf wunderschöne Altbauhäuser und durch viel Grün zurück auf das Gelände der Zeche Zollverein und damit zum Beginn der Tour.

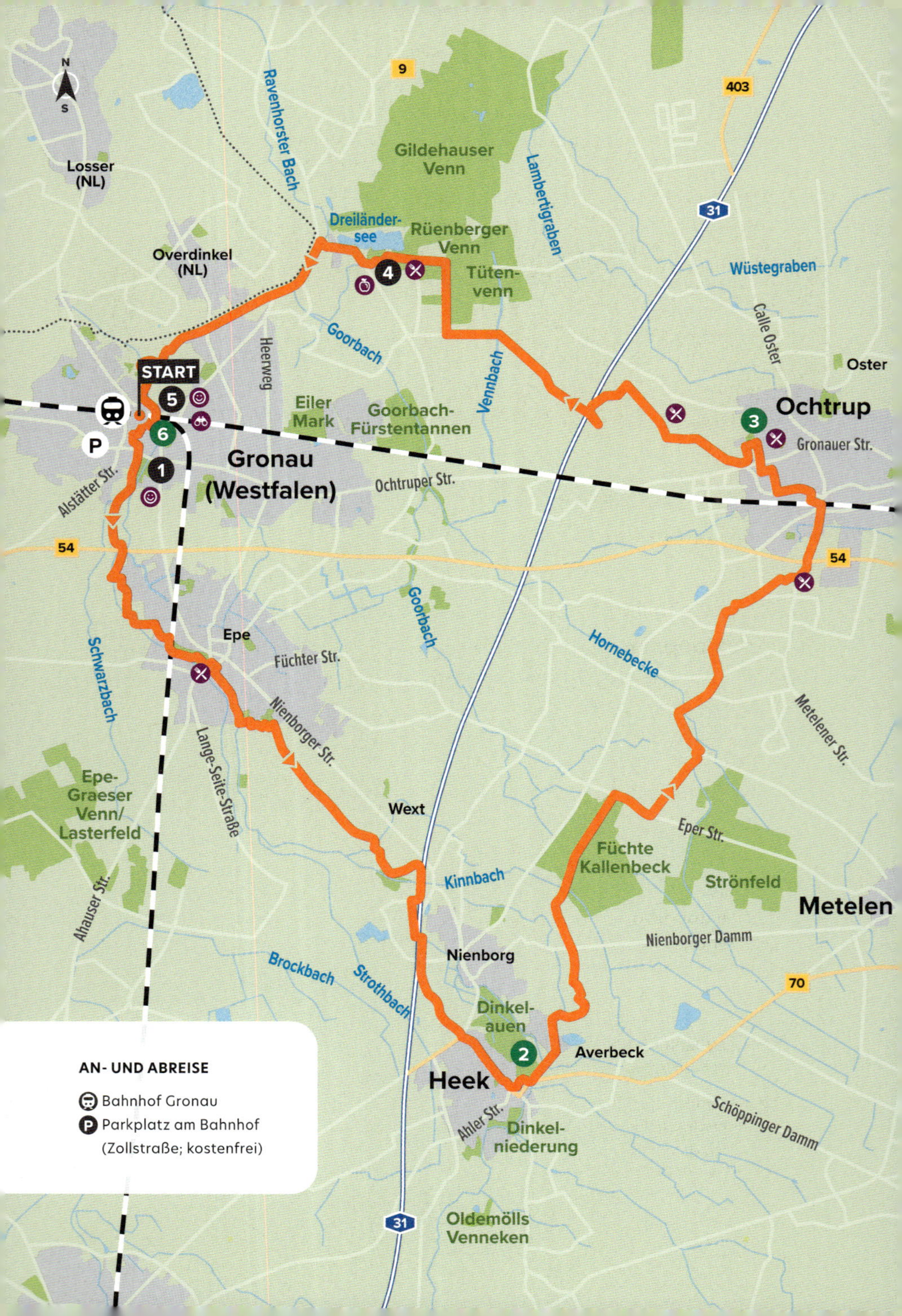

AN- UND ABREISE

Bahnhof Gronau

P Parkplatz am Bahnhof (Zollstraße; kostenfrei)

6

Gronau

„Aber sonst ist heute wieder alles klar auf der Andrea Doria ...“ Sind Sie in und um Gronau mit der Fiets oder Leeze unterwegs, ist ein Ohrwurm wie dieser vielleicht Ihr Begleiter. Auslöser könnte ein Besuch im „rock'n'popmuseum“ sein – und damit auch Udo Lindenberg, der bekannteste Sohn der Musikstadt.

47,2 km
2:56 Stunden bei 16,1 km/h
140 Meter ↗ **140 Meter** ↘

Auf Seite 6 finden Sie einen Hinweis, wo Sie die GPS-Daten kostenlos herunterladen können.

Erlebnis	●●●●○
Familientauglich	●●●●○
Schwierigkeit	●●○○○
Schwierigkeit E-Bike	●○○○○

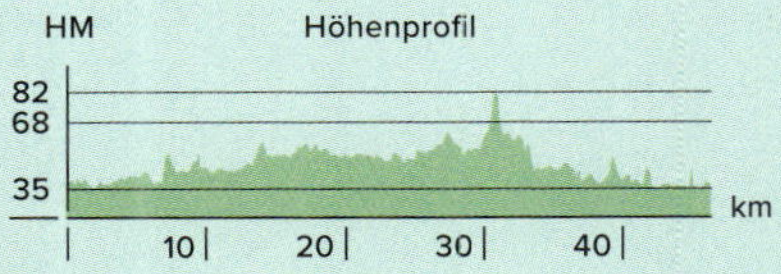

SEHENSWÜRDIGKEITEN
GEFÖRDERT VON DER NRW-STIFTUNG

1. Stadtpark
2. Naturschutzgebiet Dinkelaue mit Oldemölls Venneken
3. Bergwindmühle Ochtrup
4. Dreiländersee
5. Inselpark
6. rock'n'popmuseum · Udo-Lindenberg-Platz 1 · 48599 Gronau (Westfalen)

An den Ufern der Dinkel ist der schillernde Eisvogel zu Hause.

SCHLAUCHAUTOMAT

• Zweirad Gerwens • Von-Keppel-Straße 4 • 48599 Gronau-Epe

E-BIKE-LADESTATIONEN

• Bahnhof Gronau • Bahnhofstraße 41 • 48599 Gronau
• Altes Gasthaus Meyer • Merschstraße 24 • 48599 Gronau

Wussten Sie schon, dass sich ein Ohrwurm besonders gern dann einnistet, wenn Ihr Gehirn wie beim Radfahren entspannt? Genau das können Sie auf dieser Tour, die in reichlich Grün und Blau eingebettet ist und nur eine Höhendifferenz von 140 Metern aufweist. Sind Sie bereit? Dann schwingen Sie sich in den Sattel und machen sich auf die Strecke. Die führt Sie auf dem ersten Abschnitt auf einem mit Weiden bewachsenen Weg erst einmal durch den **Stadtpark** 1 mit dem prägnanten Wasserturm als Gronauer Wahrzeichen. Inmitten dieses grünen Areals befindet sich außerdem ein **Tierpark,** ☺ der kostenlos besucht werden kann. Zum Bestand gehören überwiegend verschiedene Vogelarten, aber auch Alpakas, Esel, Damhirsche, Kängurus und Kapuzineräffchen freuen sich über den Besuch von Groß und Klein.

Weiter geht's beschaulich an der Dinkel entlang. Apropos: Die Dinkel ist ein 89 Kilometer langer Zufluss der Vechte, der im Grenzgebiet zwischen Ahaus und Coesfeld entspringt und nach einem kurzen Abstecher in die Niederlande bei Neuenhaus auf deutscher Seite in die Vechte mündet. Die Ufer weisen einen immensen Reichtum an Flora und Fauna auf, zu deren bekanntesten Bewohnern der prächtig gefärbte Eisvogel zählt, der als eine Art Maskottchen gilt. Am Wegesrand begegnen Ihnen darüber hinaus immer wieder monumentale Skulpturen, die ganz in Ruhe betrachtet werden möchten, manche laden zum Sitzen und Herumschauen ein, manche eignen sich für witzige Fotomotive: Die **Dinkelsteine** aus Ibbenbürener Sandstein wurden 2013 für die grenzüberschreitende Landesgartenschau von Gronau und Lossen von 13 Künstlern geschaffen.

TIPP Sind Sie zur passenden Jahreszeit in Epe, können Sie wunderschöne Kirschbaumalleen und eine Parklandschaft mit Rosen direkt an der Dinkel bewundern.

Im Gronauer Stadtteil Epe lohnt sich eine Genusspause im **Hotel „Schepers“,** das in einem historischen Mühlengelände mit preisgekröntem Park, Wiesen und Teichen mit großen Naturstufen liegt. In der Wassermühle, die kurz hinter dem Hotel steht, befindet sich ein Café mit Außenbereich – perfekt positioniert, um bei einem leckeren Stückchen Kuchen und einer Kaffeespezialität den Blick bis zum Horizont schweifen und die Seele baumeln zu lassen. Noch etwas dem Verlauf der Dinkel folgend und schließlich durch die Münsterländer Parklandschaft mit ihren Äckern, Wiesen und Weiden erreichen Sie wenig später Heek im südlichen Zipfel dieser Tour. Nach einem kurzen Abschnitt auf der B 70 sind Sie wieder mitten im Grünen. Genauer gesagt: an den **Dinkelauen,** 2 einem knapp 70 Hektar großen Naturschutzgebiet. Der größte Teil ist zwar unter Naturschutzauflagen an Landwirte zur Nutzung verpachtet, dennoch gewinnen Sie hier gute Einblicke in eine Flusslandschaft, wie sie für diese Region typisch war.

Preisgekrönt: der Park auf dem Gelände vom Hotel „Schepers“.

Der nächste Abschnitt bringt Sie auf super ausgebauten Wegen – oder Pättkes, wie man hier sagt – erneut durch die typische Münsterländer Parklandschaft bis nach Ochtrup. Vor der schönen Kulisse einer alten und inzwischen sanierten Mühle lohnt sich ein Stopp im gut frequentierten Biker-Treff **„Felsenmühle 1859“.** Auf die Gabel gibt es kalte und warme Snacks mit Zutaten lokaler wie regionaler Anbieter. Etwas nördlicher thront auf der höchsten Erhebung der Stadt eines ihrer Wahrzeichen: die **Bergwindmühle Ochtrup.** 3 Sie ist eine der letzten, die im sogenannten Wallholländerstil errichtet wurde. 1955 wurde der Mühlenbetrieb

INFO Besucher können die Mühle jeden Samstag von 14 bis 18 Uhr besichtigen – und immer dann, wenn sich die Flügel drehen, oder nach Vereinbarung.

„Dann muss man ja auch noch Zeit haben, einfach dazusitzen und vor sich hin zu schauen", wusste schon Astrid Lindgren.

INFO Aktuelle Termine und besondere Aktionen wie Tastings finden Sie auf der Facebook-Seite vom Hof Janus: www.facebook.com/hofjanus.

eingestellt, von 1988 bis 1992 erfuhr sie eine tiefgreifende Sanierung und ist wieder voll funktionsfähig. Der heutige Besitzer Hermann Nobbenhuis hat sich auf hochwertiges Buchweizenmehl spezialisiert und erhält vom 2006 gegründeten Förderverein tatkräftige Unterstützung bei der Erhaltung und Pflege der Mühle. In der zugehörigen **Gaststätte „Zur alten Mühle"** genießen Sie gutbürgerliche Küche.

Wo Sie außerdem unbedingt anhalten müssen? Auf dem **Hof Janus,** der von Kriste und Jörg Tillmann betrieben wird und Kuh und Kunst vereint. Ja, Sie haben richtig gelesen! Denn der Name, der dem römischen Gott mit den zwei in entgegengesetzte Richtungen blickenden Gesichtern gewidmet ist, ist hier bewusst gewähltes Programm: Im wunderschön gestalteten Hofladen bekommen Sie nicht nur feinstes Fleisch und andere Produkte von Aberdeen-Angus-Rindern, die in Freilandhaltung stressfrei leben, sondern auch außergewöhnliche Skulpturen und Objekte aus Keramik.

Natur und Landwirtschaft pur führen Sie bis zum **Dreiländersee** 4 etwa 4 Kilometer vom Stadtzentrum Gronaus entfernt, der die Niederlande, Niedersachsen und Nordrhein-Westfalen miteinander verbindet – und der selbst für einen Kurzbesuch eine empfehlenswerte Adresse ist. Ein weißer Sandstrand lädt zum Chillen und Schwimmen, ein Wasserspielplatz zum Toben ein. Minigolf, Rudern, Tretbootfahren oder einfach nur bei einem Picknick relaxen: Alles ist möglich. Einen besonderen Picknickkorb packt Ihnen auf Anfrage übrigens das Team vom **Hotel-Restaurant „Seeblick"** (www.seeblick-gronau.de) - inklusive Kuscheldecken und Liegestühlen.

Kleine Kapellen sind immer wieder Orte zum Innehalten.

Nach dem Dreiländersee fahren Sie auf dem Dubbeleweg: Radfahrer werden an dieser Stelle über einen asphaltierten Wirtschaftsweg auf niederländischer Seite parallel zum Tieker Damm geführt. Das Teilstück auf deutscher Seite ist als Gehweg ausgeschildert. Zurück in Gronau lohnt sich auf der linken Seite eine Stippvisite im **Inselpark** 5 auf dem ehemaligen Gelände der van-Delden-Spinnerei mit Piratenspielplatz, Kletterturm und Wasserlabyrinth. Ein Highlight ist die riesige Pyramide, von der Sie nach dem Erklimmen einen fantastischen Blick über die Stadt und die nähere Umgebung haben.

Auf der gegenüberliegenden Straßenseite sorgt das **rock'n'popmuseum** 6 für Gänsehautmomente wie bei einem Live-Konzert. Persönlich begrüßt von Rocklegende Udo Lindenberg (leider nur als Multimonitoranimation), bringen Ihnen vielfältige multimediale und interaktive Elemente die faszinierenden Dimensionen von Rock- und Popmusik näher und machen den Besuch für alle Altersgruppen zu einem unvergesslichen Erlebnis. Im Studio „rock'n'pop Karaoke" können Sie im Anschluss an den Rundgang in einer Green Box selbst zum Star werden und ein professionelles Musikvideo drehen - Verkleidung inklusive. Die Erinnerung nehmen Sie auf einem USB-Stick direkt mit nach Hause.

Noch ein Nachtrag, weil ich Ihnen zu Beginn einen Panikrocker-Ohrwurm „geschenkt" habe: Das **Udo-Lindenberg-Denkmal** ist zwar nicht Teil der Route, aber ein Anguck- und Fotomuss - nicht nur für Fans. Den übergroßen Udo aus Bronze finden Sie auf dem Kreisverkehr an der alten Bundesstraße 54 (Ochtruper Straße 85).

INFO Planen Sie für den Besuch des rock'n'popmuseums mindestens zwei Stunden ein. Einen Überblick zu allen Ausstellungen und Angeboten erhalten Sie unter www.rock-popmuseum.de.

AN- UND ABREISE
Bahnhof Haltern am See
P&R-Parkplatz Bahnhof
(Zum Ikenkamp 10)
START
Haltern am See
Lüdinghausen
Olfen
Selm
Datteln
Marl
Sinsen
Bork
Vinnum
Ternsche
Tetekum
Seppenrader Schweiz
Muhle
Birkenallee
Eversumer Str.
Ahsen
Redder Bruch
Redder Str.
Ahsener Str.
Markfelder Str.
Dortmund-Ems-Kanal
Wesel-Datteln-Kanal
Lippe
Lippeaue
Stever
Selmer Bach
Brembecke
Flaßbleke
Dülmener Landweg
Hullerner Stausee
Halterner Stausee
Hullern
Westruper Str.
Flaesheim
Recklinghäuser Str.
Marler Str.
Haltern-Borkenberge
Hochmoor Borkenberge
Gagelbruch Borkenberge
Mühlenbach
Sythen
Hellweg
Münsterstraße
Selmer Str.
Ascheberger Str.
Tüllinghofer Str.
235
236
474
58
43

7

Haltern am See

Was gibt es Schöneres, als am Wasser zu radeln? Die Landschaft spiegelt sich auf der glitzernden Oberfläche, Schiffe wecken Fernweh, hier und da wird Entdeckerdrang herausgekitzelt. Doch mit fast 60 Kilometern ist die Tour eher nicht familientauglich – es sei denn, Sie planen eine Übernachtung ein.

57,1 km

3:35 Stunden bei 15,9 km/h

250 Meter ↗ **250 Meter** ↘

Auf Seite 6 finden Sie einen Hinweis, wo Sie die GPS-Daten kostenlos herunterladen können.

Erlebnis	●●●●○
Familientauglich	●○○○○
Schwierigkeit	●●●○○
Schwierigkeit E-Bike	●○○○○

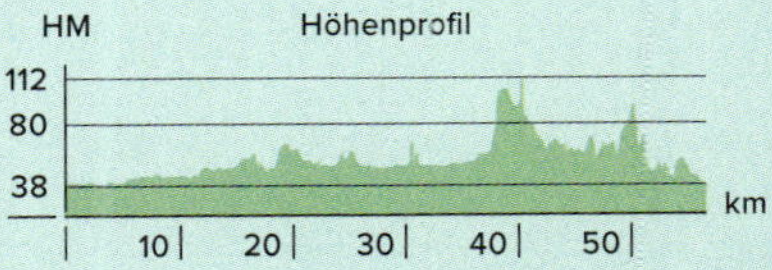

SEHENSWÜRDIGKEITEN

GEFÖRDERT VON DER NRW-STIFTUNG

1. Lippefähre „Maifisch"
2. Naturschutzgebiet Lippeauen
3. Schleuse Ahsen
4. Burg Lüdinghausen
5. Burg Vischering
6. Naturparkhaus „Biologisches Zentrum Kreis Coesfeld" · Rohrkamp 29 · 59348 Lüdinghausen

SCHLAUCHAUTOMATEN

• Zweirad Marwitz · Lippstraße 14 · 45721 Haltern am See
• Zweirad Witteler · Mühlenstraße 39 · 59348 Lüdinghausen

E-BIKE-LADESTATIONEN

• Bahnhof Haltern am See · Roost-Warendin-Platz 1 · 45721 Haltern am See
• Marina Flaesheim · Flaesheimer Straße 600 · 45721 Haltern am See
• Burg Vischering · Berenbrock 1 · 59348 Lüdinghausen

Nach Ihrem Start am Bahnhof folgt für ein kurzes Stück ein eher weniger schönes Pflichtprogramm durch ein Gewerbegebiet. Die gute Nachricht: An beiden Straßenseiten haben Sie zahlreiche Gelegenheiten, Proviant zu kaufen, falls Sie noch etwas benötigen. Die noch bessere Nachricht: Bald erreichen Sie den Wesel-Datteln-Kanal – liebevoll „Canal Grande" genannt – mit seinem unglaublich anmutenden Blau und altem Baumbestand, der im Sommer wohltuenden Schatten spendet. Der Radweg ist zwar nicht asphaltiert, aber in einem Topzustand. Einfach ideal für entspanntes Dahinrollen vorbei an Schleusen und weiten Feldern! Ganz nebenbei beobachten Sie Frachtschiffe, die seelenruhig an Ihnen vorbeituckern.

Nicht direkt an der Strecke, aber ein Spaß, den Sie nicht verpassen sollten, ist das Übersetzen mit der **Lippefähre „Maifisch"** 1 kurz vor der Schleuse Flaesheim. Hier können Sie mit vollem Körpereinsatz mal so richtig am Rad drehen, denn Sie müssen sich, Ihr Rad und die Fähre selbst über die Lippe ziehen. Einmal hin, einmal zurück dauert etwa 10 Minuten. Die „Maifisch" ist gerade auf der anderen Seite? Auch kein Problem! Über gegenläufige Rollen an jeder Uferseite können Sie die Fähre zu sich holen. Die Nutzung ist kostenlos und von April bis Oktober – bei schönem Wetter sogar bis Anfang November – möglich.

Weiter geht's am Kanal entlang. Zu Ihrer Linken schlängelt sich die Lippe etwa 10 Kilometer durch das **Naturschutzgebiet Lippeauen** 2 zwischen Flaesheim und

Ahsen und bietet einmalige Einblicke in die mäandernde Flusslandschaft und die naturbelassenen Ufer. Etwa 2 Kilometer hinter der Schleuse Flaesheim befindet sich auf der anderen Kanalseite die **Marina Flaesheim,** ein kleiner Yachthafen, der aus einem Baggersee zur Sandgewinnung entstanden ist. Für eine kurze Rast im **Marina-Bistro** mit Blick auf das riesige Waldgebiet der Haard, die zum Naturpark Hohe Mark gehört, überqueren Sie an der Flaesheimer Straße einfach den Kanal.

INFO Radler haben an der Schranke zur Marina Flaesheim freie Durchfahrt.

Nach einigen ruhigen Kilometern am Kanal erreichen Sie die **Schleuse Ahsen,** 3 die seit 1931 Schiffen durch die Überwindung eines Höhenunterschieds von 7,50 Metern eine sichere Weiterfahrt ermöglicht. Mit ihrer historischen Architektur ist sie ein optimaler Platz, um den beeindruckenden Schleusenvorgang zu beobachten. Irgendwann wird der Kanal breiter und führt ins Dattelner Meer. Hier treffen der Wesel-Datteln-Kanal und der Dortmund-Ems-Kanal aufeinander, weshalb Datteln zu Recht als größter Kanalknotenpunkt Europas bezeichnet wird. Ein beliebtes Freizeit- und Naherholungsareal ist das Meer sowieso: Auf dem Wasser treffen sich Groß und Klein zum Kajakfahren, im Kanal kann man prima baden und am Ufer finden sich ideale Picknick- und Grillplätze.

Wen zieht es nach Venedig, wenn so ein schöner „Canal Grande" zum Radeln fast vor der Haustür liegt?

Am Dattelner-Meer-Bogen biegen Sie links ab und radeln an der stillgelegten **Alten Fahrt,** einer ehemaligen Kanalrinne mit einem über 100-jährigen Sperrtor, durch eine idyllische Landschaft. Haben Sie Appetit auf frische Waffeln und selbst gebackene Kuchen? Oder steht Ihnen der Sinn nach deftiger Hausmannskost? Mit beidem können Sie sich im **Landgasthaus Klaukenhof** verwöhnen lassen – egal, ob Sie im urigen Gastraum oder im Biergarten unter alten Eichen ein gemütliches Plätzchen finden. Schlemmen, schauen, schwatzen: Hier ließe es sich ewig aushalten. Aber Sie haben ja noch einige Zeit im Sattel vor sich …

INFO Ob Frühstück, Mittag- oder Abendessen, Kaffee-und-Kuchen-Pause: Im Klaukenhof ist zu jeder Zeit und für jeden Geschmack etwas dabei. www.freizeitpark-klaukenhof.de

SEHENSWERTES AM WEGESRAND Bevor Sie über die Dreibogenbrücke fahren, lohnt sich ein Abstecher in die Steveraue. Dieses kleine Naturparadies lockt nicht nur mit wunderschönen Panoramen, sondern auch mit einzigartigen Bewohnern: Heckrinder, Wildpferde und Riesenesel lassen sich hier in (fast) freier Natur beobachten.

SEHENSWERTES AM WEGESRAND Im Lüdinghausener Stadtteil Seppenrade erstrahlt die Königin der Blumen in allen Formen und Farben: Mehr als 700 verschiedene Sorten und 24.000 Exemplare schmücken den Rosengarten. Jedes Jahr im August findet im Park ein Rosenfest statt.

Ihre nächste Station ist Olfen, das „Tor zum Münsterland". Das Städtchen wartet mit einer alten Mühle, einem Wasserschloss und malerischen Brückenbauten wie der Schiefen Brücke auf, die Ende des 19. Jahrhunderts noch vor der Eröffnung des Dortmund-Ems-Kanals fertiggestellt wurde. Wenig später radeln Sie über die Dreibogenbrücke über die Stever. Durch landwirtschaftlich genutzte Flächen führt Sie die Tour weiter nach Lüdinghausen, die „Stadt der Wasserburgen": Mit Burg Lüdinghausen und Burg Vischering möchten gleich zwei Prachtexemplare dieser Art von Ihnen entdeckt werden.

Vor der Zeitreise in Renaissance und Co. machen Sie aber bitte einen Boxenstopp bei einem kleinen TV-Star: **Café Terjung.** „Backen mit Liebe und guter Butter" heißt es auf der Website – das schmeckt man bei jedem Bissen. Glücklicherweise haben diese Wohlfühlkalorien nur eine winzige Chance, es sich auf Ihren Hüften gemütlich zu machen, ein paar Kilometer müssen Sie ja noch strampeln ... Berechtigterweise fragen Sie sich aber, warum das Café zu TV-Ehren gekommen ist. Hier und auf Burg Vischering frönt Jörg Terjung als erster Brotsommelier im Münsterland seiner Leidenschaft, was die Sterneköche Björn Freitag und Frank Buchholz für die WDR-Sendung „Lecker an Bord" angelockt hat. Wunderschön fand Daniel Aßmann hier auch seinen Aufenthalt für das gleichnamige Reisemagazin im WDR.

Zwischen dem Café Terjung und der Burg Vischering liegt aber erst mal die von einem herrlichen Park umgebene **Burg Lüdinghausen.** 4 Ihren Ursprung verdankt sie den Rittern des Ortes, die hier im 12. Jahrhundert eine Burg bauten. Im 16. Jahrhundert brannte sie ab und wurde im Stil der Renaissance neu errichtet; nur der Südflügel ist annähernd in seiner eigentlichen Form erhalten. Heute bezeichnen sie die Lüdinghauser als „Burg der Bürger" – hier finden Konzerte und Ausstellungen ganz unterschiedlicher Art statt. Empfehlenswert ist ein Rundgang um den Burggraben und die Gärten, in denen Sie uralte Bäume und die Reste historischer Gartenhäuser entdecken.

Zwischen Burg Lüdinghausen und **Burg Vischering** 5 erstreckt sich ein Park, durch den Sie von der einen zur anderen spazieren können. Oder Sie radeln kurzerhand von A nach B und verlassen die Route für das Wahrzeichen der Stadt – und damit für eines der schönsten Fotomotive im Münsterland. Die Burg Vischering teilt das Schicksal der Burg Lüdinghausen: Sie brannte ab und wurde im Stil der Renaissance neu errichtet. Seither vermittelt sie wie kaum eine andere westfälische Wasserburg einen Eindruck vom Leben im ausgehenden Mittelalter und in der frühen Neuzeit. Ob Sie bei einem Museumsrundgang tiefer eintauchen oder alles nur von außen auf sich wirken lassen: Diese kleine Flucht von der Streckenführung ist es wert!

Eines der schönsten Fotomotive im Münsterland: Burg Vischering.

Am Stadtrand von Lüdinghausen befinden sich der Klutensee und das **Naturparkhaus „Biologisches Zentrum Kreis Coesfeld".** 6 Ziel dieses Lernortes für Umweltbildung ist, Erfahrungen in und mit der Natur zu ermöglichen, Wissen zu Aspekten von Nachhaltigkeit zu vermitteln und zu nachhaltigem Handeln anzuregen. Von April bis Oktober ist der Naturgarten besonders sehenswert: Bunte Blumenwiesen, insektenfreundliche Stauden und Gehölze, Wildbienenhotels und Fledermausstollen lassen die heimische Artenvielfalt erleben.

INFO Für Familien und Gruppen sind Gartenführungen buchbar: www.biologisches-zentrum.de.

Vorbei an dem idyllisch gelegenen Hullerner Stausee und dem Halterner Stausee mit seinen tollen Aussichtspunkten auf das Wasser erreichen Sie bald darauf das Ziel dieser Tour. Bevor Sie die Heimfahrt antreten, lassen Sie den Tag gern im Biergarten oder auf den Seeterrassen der **Stadtmühle** bei Genuss mit Aussicht ausklingen. Oder schauen Sie mal in den Spielplan des **Lea-Drüppel-Theaters:** Vielleicht ist in dem bunten Mix aus Eigenproduktionen, Konzerten, Kabarett und Poetry Slams das Richtige für einen kurzweiligen Theaterbesuch dabei.

INFO Das Theaterjuwel im Zentrum Halterns ist Lea Drüppel gewidmet, die bei einer Flugkatastrophe im März 2015 mit 15 weiteren Schülern und zwei Lehrerinnen aus dem Leben gerissen wurde. www.lea-drueppel-theater.de

AN- UND ABREISE
Bahnhof Herten (Westfalen)
Parkplatz Bahnhof Herten
(Am Technologiepark 10)
START
P
1
2
3
4
5
Herten
Disteln
Ewaldstraße
Westerholter Str.
Scherlebeck
Loemühlenbach
Polsumer Str.
Langenbochum
Langehegge
Feldstraße
Breite Str.
Holzbach
Westerholt
Marler Str.
Marl
Hamm
Viktoriastraße
Rappaportstraße
Brassert
Alt-Marl
Hervester Str.
Buerer Str.
Rennbach
Scholvener Str.
Hassel
Scholven
Gelsenkirchen
Nord
Altendorfer Str.
Lippe
Wesel-Datteln-Kanal
Halterner Str.
Hervest
Dorsten
Klosterstraße
Gladbecker Str.
Schölsbach
43
52
225
224
N
S

8

Herten

Ländlich, urban, industriell: Dieser Wechsel prägt die Tour im Städtedreieck Herten, Marl und Dorsten. Ebenso unterschiedlich präsentieren sich die Sehenswürdigkeiten am Wegesrand - und zeichnen dennoch ein stimmiges Gesamtbild von allem, was die Region ausmacht.

47,3 km

3:01 Stunden bei 15,7 km/h

190 Meter **190 Meter**

Auf Seite 6 finden Sie einen Hinweis, wo Sie die GPS-Daten kostenlos herunterladen können.

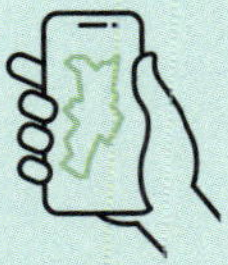

Erlebnis	●●●○○
Familientauglich	●●●○○
Schwierigkeit	●●○○○
Schwierigkeit E-Bike	●○○○○

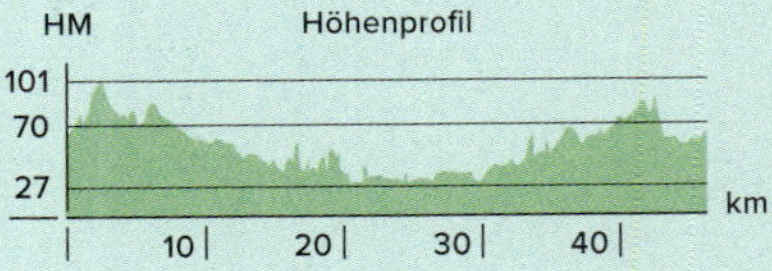

SEHENSWÜRDIGKEITEN

GEFÖRDERT VON DER NRW-STIFTUNG

1. Museum am Erzschacht · Am Wetterschacht · 45770 Marl
2. Zeche Leopold · Halterner Straße 105 · 46284 Dorsten
3. Jüdisches Museum Westfalen · Julius-Ambrunn-Straße 1 · 46282 Dorsten
4. Wasserburg „Haus Lüttinghof"
5. Schlosspark mit Orangerie · Im Schlosspark 15 · 45699 Herten

SCHLAUCHAUTOMAT
• Radsport Bomm • Hafenstraße 1a • 46284 Dorsten

E-BIKE-LADESTATION
• Reisemobilhafen • Zur Lippe • 46282 Dorsten

INFO Wann Hofladen und Cafés des Brunnenhofs geöffnet haben? Das erfahren Sie unter www.brunnenhof-ried.de.

Die ersten 4 Kilometer führen Sie durch Wohngebiete und das bewaldete Backumer Tal erst mal hinaus aus Herten. Es folgt ein buntes Feldmosaik im Naherholungsgebiet Ried, auf dem von Getreide über verschiedenste Kohlsorten bis zu Spargel, Kartoffeln und Erdbeeren alles gedeiht, was die traditionelle deutsche Küche auszeichnet. Kaufen und probieren lässt sich alles wunderbar bei Familie Große-Streuer im **Brunnenhof in der Ried.** In der hofeigenen Bäckerei werden seit über 30 Jahren Brot und Brötchen gebacken und süße Köstlichkeiten gezaubert. Und im Café zum Brunnenhof oder im Gartencafé können Sie hausgemachte Wurst- und Schinkenspezialitäten, herzhaft Eingelegtes und süßes Eingemachtes probieren.

Bald darauf überqueren Sie die B 225 – Vorsicht, die Straße ist recht stark befahren! – und kommen in Marl an. Mitten in der Stadt wartet das **Museum am Erzschacht** 1 auf Ihren Besuch. Diese Schachtanlage innerhalb des Auguste-Victoria-Verbunds ist von besonderer Bedeutung, weil hier eben nicht nur Kohle, sondern auch Erz abgebaut wurde, auf dessen Vorkommen man 1930 beim Abteufen zweier weiterer Schächte stieß. Von 1936 bis 1962 lief die Erzförderung, der Kohleabbau endete dagegen bereits 1937. Nach der Stilllegung der Anlage 1962 blieben das Fördermaschinenhaus mit der elektrischen Fördermaschine von 1931 und das Fördergerüst übrig. Seit 1995 kümmert sich der Heimatverein Marl um das technische Denkmal und betreut dort eine Sammlung zur Bergbaugeschichte, die Werkzeuge, Grubenlampen, Schichtbücher und Arbeitskleidung umfasst und von verschiedenen Standorten des Ruhrgebiets stammt. Auf dem Außengelände sind Lokomotiven, Waggons und Ausbauschilde zu sehen.

INFO Wenden Sie sich an den Heimatverein Marl, wenn Sie an einer Führung durch das Museum am Erzschacht interessiert sind: www.heimatverein-marl.de.

Während Sie durch Marl radeln, wird Ihnen die hohe Dichte an **Skulpturen** auffallen – allein entlang der Adolf-Grimme-Straße in der Nähe des Grimme-Instituts stehen sechs, die es sich zu entdecken lohnt. Weiter

Kunst, Kultur und Gastronomie können Sie auf dem Gelände der Zeche Leopold erleben.

geht's durchs Stadtgebiet, schließlich unterqueren Sie die A 52, radeln durch einen kleinen Forst und insgesamt dreimal über den Wesel-Datteln-Kanal, dann über die Lippe. Schwups, sind Sie schon in Dorsten. Die Route führt Sie ein bisschen kreuz und quer durch die Stadt, bis Sie das Areal der ehemaligen **Zeche Leopold** 2 erreichen, wo von 1913 bis 2001 Kohle gefördert wurde. Zur Bewahrung der Dorstener Bergbaugeschichte gründete sich 2003 der Verein für Bergbau-, Industrie- und Sozialgeschichte. Er nutzt die **Maschinenhalle** der Zeche als Informations- und Begegnungszentrum und entwickelte 2012 ein Ausstellungskonzept für den Ort mit seinen historischen Dampfmaschinen.

2017 wurde eine besonders ungewöhnliche Idee realisiert: das **Leopold-Regal.** Der Name der Dorstener Zeche erinnert an Leopold zu Salm-Salm, dem seinerzeit das Bergregal in der Gegend zustand, wobei „Regal" der juristische Begriff für das Verfügungsrecht über Bodenschätze ist. In der Maschinenhalle nahm man diesen Ausdruck durchaus wörtlich: Ein rund 9 Meter hohes und 10 Tonnen schweres Riesenregal präsentiert mehr als 30 Objekte – vom Gartenzwerg über ein Grubenfahrrad bis zum Grubenhelm. Informationen dazu gibt es per Touchscreen. Und auch sonst setzt die Ausstellung auf multimediales Erleben. So können Sie sich in der ehemaligen Kabine des Fördermaschinisten

INFO Der Verein bietet unterschiedlichste Themenführungen an, auch über die Maschinenhalle hinaus. www.bergbau-dorsten.de

Das Wasserschloss Herten liegt inmitten eines alten Landschaftsgartens.

per Hörstation in die akustische Umgebung einer aktiven Zeche versetzen lassen. Nach der Erkundungstour können Sie im Kreativquartier auf dem Gelände in einem der hübschen **Cafés** einkehren.

Im weiteren Verlauf fahren Sie ein Stückchen an der B 224 und müssen diese auch überqueren - Vorsicht dabei! Die Straße gilt als Hauptverkehrsader und ist entsprechend befahren. Sie lassen erneut Lippe und Wesel-Datteln-Kanal hinter sich, sind aber wieder nah an der B 224. Setzen Sie sich in der GPS-Datei bitte einen Marker auf das **Jüdische Museum Westfalen** 3 - es befindet sich etwas unterhalb vom Platz der Deutschen Einheit. Das Museum wurde 1992 eröffnet und erhielt 2001 einen Erweiterungsbau. Träger ist der Verein für jüdische Geschichte und Religion, der 1987 gegründet wurde, um Spuren jüdischen Lebens in Dorsten sichtbar zu machen und um jüdische Kultur und Traditionen zu vermitteln.

INFO Das Jüdische Museum Westfalen bietet nicht nur Ausstellungen, sondern auch ein umfangreiches Bildungs- und Kulturprogramm an. www.jmw-dorsten.de

Die Dauerausstellung berührt Aspekte wie jüdische Vielfalt, Ein- und Auswanderung sowie Jüdischsein in der Gegenwart.

Der Weg raus aus Dorsten ist aufgrund des städtischen Umfelds und des Autoverkehrs eher anstrengend, aber irgendwann ist dieses Stück geschafft und Sie biegen in Felder ab. Einmal richtig durchatmen! Und irgendwie wird es langsam doch Zeit für eine kleine Pause. Ein schönes Fleckchen dafür ist die **Wasserburg „Haus Lüttinghof":** 4 Im idyllischen **Kuchengarten** werden Sie mit saisonalen Obst-Blechkuchen oder sahnigen Köstlichkeiten verwöhnt. Prinzipiell ist sonntags und an Feiertagen von 11 bis 18 Uhr geöffnet, allerdings nur bei schönem Wetter. Wollen Sie auf Nummer sicher gehen, rufen Sie vorher an: 0209/51300761.

Haus Lüttinghof liegt in einem Naturschutzgebiet, die Burggärten sind von Wasserg-äben umgeben. Ideal für einen kleinen Spaziergang!

10 Kilometer später sind Sie wieder in Herten. Genauer gesagt: im bezaubernden **Schlossgarten.** 5 Zwischen 1687 und 1702 als strenger Barockgarten angelegt, wurde er im 19. Jahrhundert zu einem Landschaftspark nach englischem Vorbild umgestaltet. Hier finden sich zahlreiche botanische Kostbarkeiten aus aller Welt: Chiletannen, japanische Scheinzypressen, Kuchenbäume, Trompeten- und Taschentuchbäume gruppieren sich um Wiesen, Teiche und Rosenbeete. Sollte während Ihrer Tour gerade die Sternmagnolie vor dem Schloss blühen: Sie ist eine der ältesten ihrer Art in Westfalen.

Der 1725 im Schlosspark errichteten **Orangerie,** die jahrzehntelang zu einer Ruine verfallen ist, verhilft ein engagierter Förderverein zu neuem Glanz. Inzwischen hat sie ein neues Dach und einen barrierefreien Zugang und kann wieder als Veranstaltungsort genutzt werden.

Nur noch ein kleines Stück, bis Sie am Ziel Ihrer Tour ankommen. Kehren Sie zum Ausklang doch noch irgendwo nett ein. Rechts von der Wegführung befinden sich einige **Restaurants** und **Cafés,** die von gutbürgerlichen deutschen Gerichten über griechische Küche bis zu Sushi alles Mögliche für einen glücklichen Bauch bieten. Oder wünschen Sie sich feinen Eisgenuss? Dann steuern Sie einfach das **Eiscafé „Calamini"** an. Kommen Sie wieder gut nach Hause!

AN- UND ABREISE
Bahnhof Kleve
Parkplatz an Bahnhof Kleve (Van-den-Bergh-Straße)
SEHENSWÜRDIGKEITEN
GEFÖRDERT VON DER NRW-STIFTUNG
1 B. C. Koekkoek-Haus · Koekkoek-platz 1 · 47533 Kleve
2 Pallas Athene
3 Standbild „Eiserner Mann"
4 Alte Mühle Donsbrüggen · Mehrer Straße 92 · 47533 Kleve
5 Reichswald
6 Schloss Moyland · Moyländer Allee · 47551 Bedburg-Hau
7 Haus Riswick
START
Kleve
Bedburg-Hau
Hasselt
Hau
Qualburg
Huisberden
Warbeyen
Rindern
Donsbrüggen
Nütterden
Materborn
Frasselt
Nierswalde
Nergena
Kessel
Van-Zelderheide (NL)
Reichswald
Spoykanal
Kellener Altrhein
Tiller Graben
Wetering
Geslaer Ley
Große Wässerung
Düffel-Kellener Altrhein und Flussmarschen
Friedensstraße
Sommerlandstraße
Alte Bahn
Kreuzhofstraße
Uedemer Str.
Lindenallee
Querallee
Triftstraße
Nimweger Str.
Grunewaldstraße
Wibbeltstraße
Römerstraße
220
220n
57
9
504
N291

9

Kleve

Lust auf einen Streifzug um Kleve? Auf der Fiets, wie die Klever das Fahrrad nennen (man merkt die Nähe zu den Niederlanden), lässt sich die Landschaft rund um die Stadt bestens erkunden. Neben vielen flachen Abschnitten sorgen einige sanfte Wellen und ein nicht ganz so sanfter Anstieg für Abwechslung.

43,2 km
2:52 Stunden bei 15,1 km/h
250 Meter **250 Meter**

Auf Seite 6 finden Sie einen Hinweis, wo Sie die GPS-Daten kostenlos herunterladen können.

Erlebnis	●●●○○
Familientauglich	●●●◐○
Schwierigkeit	●●●○○
Schwierigkeit E-Bike	●○○○○

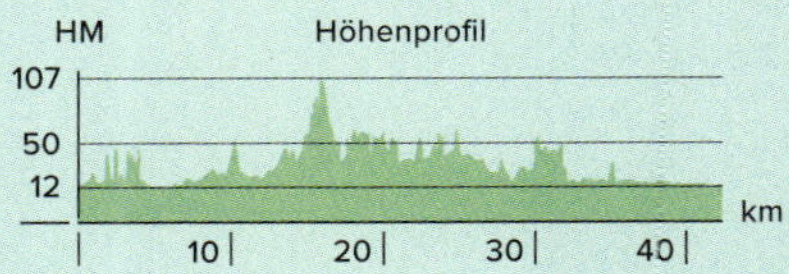

E-BIKE-LADESTATIONEN

- Draisinenbahnhof Kleve · Wiesenstraße · 47533 Kleve
- Zweirad Gertzen · Lindenstraße 63 · 47559 Kranenburg-Nütterden
- Infocenter Moyland · Am Schloss 5 · 47551 Bedburg-Hau

SCHLAUCHAUTOMATEN

- Abfahrt von Europa-Radbahn auf Antoniusstraße in Kranenburg-Nütterden
- Zweirad Gertzen · Lindenstraße 63 · 47559 Kranenburg-Nütterden

Das Koekkoek-Haus ist mit kostbarem Mobiliar aus dem 19. Jahrhundert eingerichtet.

Der wichtigste Tipp vorab: Packen Sie genug Verpflegung ein, denn die Route führt überwiegend durch Felder, Wiesen und Wälder. Und erfahrungsgemäß gehen die Getränke mitten im Nirgendwo zur Neige. Gut, dass viele Gehöfte und Dörfer am Weg liegen. Trauen Sie sich ruhig, die Bewohner um Nachschub für die Trinkflaschen zu fragen. Meistens gibt es ein nettes Pläuschchen on top …

Aber Sie starten ja erst mal. Vom Bahnhof/Parkplatz wenden Sie sich Richtung Innenstadt, wo Sie – vorbei am Spoykanal, einst Kleves Tor zur Welt – zu Fuß durch die Einkaufsstraße bummeln, immer auf das **B. C. Koekkoek-Haus** 1 zu. Alternativ nehmen Sie am Kreisverkehr die Ausfahrt auf die Hafenstraße, biegen links in die Kavarinerstraße ein und erreichen das Koekkoek-Haus. Was Ihnen dann aber entgeht? Ein Besuch in der **Schokoladenmacherei.** Die dort erworbenen Schätze können Sie wenige Schritte weiter in der **Koffie Kompagnie** mit einer Kaffeespezialität genießen.

INFO Das B. C. Koekkoek-Haus ist dienstags bis sonntags von 14 bis 17 Uhr geöffnet.

Zurück zum B. C. Koekkoek-Haus. Erbaut als Palais im Stil der italienischen Renaissance und mit einer wunderschönen Parkanlage, ist es ein Museum für niederländische Landschaftsmalerei der Romantik. Barend Cornelis Koekkoek, von Zeitgenossen als „Prinz der Landschaftsmaler" gefeiert, kam 1834 von Middelburg nach „Bad Cleve", wo er reizvolle Motive für seine Gemälde fand: Von seinem Atelierturm „Belvedere" bot sich ihm eine beeindruckende Sicht über seine Wahlheimat. In der Dauerausstellung sind Einrichtungsgegenstände der Romantik zu sehen. Und natürlich Kunst – darunter Landschaftsgemälde und Lithografien von Koekkoek.

Die Route führt entlang der Kavarinerstraße, die in die Tiergartenstraße übergeht, zwar mit viel Autoverkehr, aber der Radweg ist breit und klar abgegrenzt. Auf der Höhe eines Antiquitätengeschäfts wechseln Sie die Seite und cruisen an Klever Wald und Forstgarten vorbei. Spätestens wenn Sie aus dem Augenwinkel links eine Statue der **Pallas Athene** 2 und rechts das Standbild **„Eiserner Mann"** 3 – richtiger: „Neuer eiserner Mann", denn die ursprüngliche Version wurde 1794 zerstört – wahrnehmen, stoppen Sie, die Szenerie ist zu grandios. Falls Sie sich fragen, wem die Skulptur auf der Säule gewidmet ist: Damit wurde Johann Moritz von Nassau-Siegen, dem Kleve diese Parklandschaft zu verdanken hat, ein Denkmal gesetzt. Entscheiden Sie sich für einen Bummel durch das Areal, wandern Sie zum Aussichtspunkt Sternpark und entdecken die „Bärenhöhle" oder wollen Sie weiterradeln?

Blick auf das Amphitheater in der Gartenanlage des Johann Moritz von Nassau-Siegen.

Bald verlassen Sie die Tiergartenstraße, biegen rechts Richtung Donsbrüggen ein und folgen der Mehrer Straße, bis vor Ihnen die **Alte Mühle Donsbrüggen** 4 sichtbar wird. Sie wurde 1824 durch Johann Wilhelm Falier erbaut und von seinen Nachkommen bis 1956 betrieben. Mühlen sind per se Landmarken im Niederrhein, aber wenn man sieht, dass sie noch oder wieder in Betrieb sind, ist das Erlebnis umso schöner. Seit 1985 heißt es an dieser Stelle erneut: „Volle Mahlwerkkraft!" Frisch hergestelltes Mehl wird samstags zu Brot verarbeitet, Gruppen können nach Voranmeldung unter fachkundiger Anleitung selbst backen und in einem Anbau ist ein kleines Museum eingerichtet.

Weiter geht's! Eine kurze Links-rechts-Kombination, schon folgen Sie der Europa-Radbahn. Mit drei Metern Breite quasi eine Autobahn für Radelnde. Und mit grüner Welle. Sie werden nämlich von Sensoren erkannt, was die Ampeln an Straßenquerungen rechtzeitig umstellt. Auch der Belag macht Spaß: Glatter Asphalt lässt die Reifen surren und die Beine mühelos treten. Sie rollen durch grüne Landschaft und entlang des Schienenbetts der Grenzland-Draisine. Ab und zu kommt Ihnen solch ein mit Muskelkraft betriebenes Gefährt entgegen oder

INFO Die Mühle ist dienstags von 14 bis 17 Uhr und samstags von 10 bis 14 Uhr geöffnet.

Bestellungen für Brote werden unter 02821/28882 entgegengenommen. Sie können samstags zwischen 10 und 13 Uhr abgeholt werden.

TIPP Mit der Grenzland-Draisine erleben Sie Fahrspaß auf Schienen zwischen Kleve, Kranenburg und Groesbeek. Die „Ausgiebige"-Tour von Kleve nach Kranenburg und zurück ist 10 Kilometer lang. Die Saison beginnt meistens Anfang April und endet am 31. Oktober.

SEHENSWERTES AM WEGESRAND Im „Reichswald Forest War Cemetery" (an der Grunewaldstraße rechts abbiegen) sind alliierte Soldaten bestattet, die im Zweiten Weltkrieg gefallen sind. Der Ehrenfriedhof ist gleichzeitig der größte Kriegsgräberfriedhof des Commonwealth auf deutschem Staatsgebiet.

überholt Sie – angekündigt durch die fröhliche Stimmung auf den kleinen Wagen.

Es dauert nicht lange, dann verlassen Sie die Europa-Radbahn in Richtung Nütterden. Der Dorfplatz mit der Skulptur „Forellenbrunnen" ist ideal für eine Rast. Und zu der gehört unbedingt ein Genussmoment in der Kult-Eisdiele **„Panna & Cioccolato":** 28 Sorten italienische Gelati werden jeden Tag frisch zubereitet, auch in außergewöhnlichen Geschmacksnoten. Lassen Sie sich nicht von langen Schlangen vor der Tür abschrecken: Die Wartezeit lohnt sich!

Flach, flacher, Niederrhein? Die folgenden Kilometer widerlegen das. Einen Vorgeschmack gibt das Auf und Ab zum Wolfsberg. Nach einem kurzen Plateau tauchen Sie dann in den **Reichswald,** 5 den größten öffentlichen Wald in Nordrhein-Westfalen und Naturschutzgebiet, ein. Genau hier löst sich das Klischee vom flachen Niederrhein komplett in der klaren Waldluft auf. Ihre Position: Niederrheinischer Höhenweg. Sieger- und Sauerland, Eifel und Co. können natürlich nur darüber lachen, doch hier sind Erhebungen von über 50 Metern schon ein Wort und 9 Prozent Steigung fordern einiges. Bänke für Erholungspausen sind leider rar gesät. Aber die Stapel abgeholzter Bäume können Sie genauso gut für Verschnaufpausen nutzen.

Eine lange, gut einsehbare Abfahrt und nun (gefühlt?) flache Wege führen aus dem Wald. Sie passieren

Wiesen und Felder, Dörfer und Gehöfte, Kühe und Schafe, bis Sie Bedburg-Hau erreichen. Hängt Ihr Magen ein bisschen in den Kniekehlen? Dürstet Ihre Kehle nach einer Erfrischung? Zahlreiche Restaurants direkt an der Strecke laden zum Verweilen ein und Picknick-Nachschub gibt's in einem der vielen Supermärkte.

Frisch gestärkt radeln Sie durch den Moyländer Bruch, seit 2010 Naturschutzgebiet, auf **Schloss Moyland** 6 zu. „Ein Ort für alle Sinne" - das ist alles andere als ein leeres Versprechen. Allein zu schauen gibt es unfassbar viel. Nicht nur die weltweit größte Sammlung von Werken Joseph Beuys', auch die weitläufige Schloss- und Gartenanlage ist ein Kleinod. Der größte Kräutergarten der Region und eine Hortensiensammlung aus über 500 Sorten verwöhnen mit ihrem Duft die Nase, Skulpturen im Park dürfen nicht nur bestaunt, sondern ausdrücklich angefasst werden. Und Leckeres, das den Gaumen kitzelt, gibt es in **Rocco's Museumscafé.**

Nach diesem Highlight in Sachen Kunst, Kultur und Natur sind es nur noch wenige Kilometer zurück zum Start-Ziel-Punkt. Wieder passieren Sie kleine Orte und Gehöfte, Wiesen und Felder, Kühe und Schafe. Und Rehe. Moment! Rehe? So viele auf einmal, friedlich grasend auf einer umzäunten Wiese, kaum erschrocken von Radelnden, die erstaunt eine Vollbremsung hinlegen? Die Lösung: Diese Rehe sind Gehegewild und gehören zum gegenüberliegenden **Haus Riswick.** 7 Das wiederum ist ein Versuchs- und Bildungszentrum der Landwirtschaftskammer Rheinland.

Noch ein bisschen Landstraße, dann sind Sie wieder in Kleve. Der Bahnhof ist nicht weit, der Parkplatz auch nicht. Nehmen Sie sich etwas Zeit für einen Bummel durch die Innenstadt und lassen Ihre Toureindrücke Revue passieren. Mein schöner Abschluss war ein Plausch mit Wohnmobilreisenden - darüber, wie schön es am Niederrhein ist und was ich mir unbedingt noch ansehen sollte ...

SEHENSWERTES AM WEGESRAND Spazieren gehen mit Alpakas, Eseln und Ziegen? Oder einfach nur streicheln und füttern? Der Erlebnishof Goch macht es möglich. Alle Infos finden Sie unter www.aufdem-erlebnishof-goch.jimdofree.com.

INFO Rocco's Museumscafé ist dienstags bis sonntags von 11 bis 17 Uhr geöffnet.

INFO Donnerstags ist von 10 bis 17 Uhr Bauernmarkt am Haus Riswick. Alles rund um Termine und besondere Aktionen finden Sie unter www.riswicker-bauernmarkt.de.

AN- UND ABREISE

- Hauptbahnhof Krefeld
- Parkhaus am Hauptbahnhof (Hansastraße)

SCHLAUCHAUTOMAT

- Am Bahnhof · Kempen

E-BIKE-LADESTATIONEN

- Café Poeth · Breite Straße 37 · 47906 Kempen-St. Hubert
- Gaststätte Alte Scheune · Rheinstraße 27 · 47906 Kempen-Tönisberg

10

Krefeld

Christo, Ludwig Mies van der Rohe, Jil Sander, Markus Lüpertz und Peter Lindbergh: Es sind Namen wie diese, die das Herz von Kunst-, Kultur- und Architekturinteressierten höherschlagen lassen. Und sie alle sind eng mit Krefeld verbunden - sie haben hier gelernt und gelehrt, gewirkt und gearbeitet.

43,0 km

2:36 Stunden bei 16,5 km/h

130 Meter **130 Meter**

Auf Seite 6 finden Sie einen Hinweis, wo Sie die GPS-Daten kostenlos herunterladen können.

Erlebnis	●●●○○
Familientauglich	●●●○○
Schwierigkeit	●●●○○
Schwierigkeit E-Bike	●○○○○

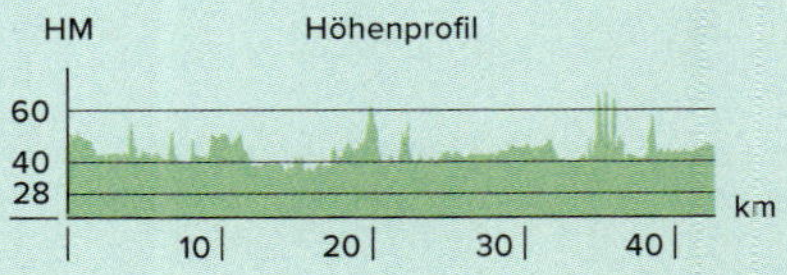

SEHENSWÜRDIGKEITEN
GEFÖRDERT VON DER NRW-STIFTUNG

1. Haus der Seidenkultur · Luisenstraße 15 · 47799 Krefeld
2. Häuser Esters und Lange
3. Stadtwald Krefeld
4. Aussichtsturm Hülser Bruch
5. Weberhaus Kempen · Königstraße 48 · 47906 Kempen
6. Kastenbockwindmühle Tönisberg
7. Zeche Niederberg
8. Egelsberger Mühle

INFO Im Museumsshop können Sie Seidenschals und Krawatten mit historischen Mustern aus der Paramentenweberei Hubert Gotzes erwerben. Ein Zertifikat beschreibt die Entstehungsgeschichte der Muster.

Altes Textilhandwerk wird an hölzernen Webstühlen aus dem 19. Jahrhundert lebendig.

Weithin bekannt ist Krefeld in erster Linie als „Stadt wie Samt und Seide". Mit diesem Slogan wird an die Geschichte als Tuchstadt angeknüpft: Im 17. Jahrhundert fanden hier mennonitische Glaubensflüchtlinge Zuflucht und haben ihrer neuen Heimat durch ihre Seidenweberkünste eine beispiellose Blütezeit beschert. Erlebbar wird das im **Haus der Seidenkultur,** 1 das Sie kurz nach dem Start in der Luisenstraße (sie ist sehr schmal und in Teilen als Einbahnstraße ausgewiesen; bitte schieben Sie auf diesen Stücken Ihr Rad) erreichen. 1908 eröffnete Hubert Gotze hier seine Paramentenweberei – Paramente sind kostbare kirchliche Gewänder aus italienischer und chinesischer Seide – und fand ideale Lichtbedingungen für die Arbeit an den Webstühlen vor. Denn bereits mit dem Bau 1868 war das „Vierfensterhaus" mit seinen ausschließlich nach Süden zeigenden Fenstern auf die Seidenwarenherstellung ausgerichtet. Heute werden im Haus der Seidenkultur alte Textilberufe lebendig präsentiert und spannende Geschichten der Samt- und Seidenstadt erzählt. An authentischen Arbeitsplätzen zeigen Patroneure und Weber, wie die Muster von der Zeichnung bis zur Fertigung ins Gewebe kommen. Eines der Highlights ist der historische Websaal mit seinen acht hölzernen Jacquard-Handwebstühlen.

Durch das Stadtgebiet mit doch recht viel Autoverkehr geht es peu a peu aus Krefeld hinaus. Anspruchsvoll zu fahren sind die meist engen Radwegstücke, der Untergrund ist durch viereckige Gehwegplatten, die einem als Raute entgegenstehen, teils holprig. Zudem scheinen Krefelds kräftige Baumwurzeln einen besonderen Drang nach oben zu haben. Entlang von Jentges- und Hüttenallee wird es deutlich ruhiger, bis sich vor Ihnen der Stadtwald als beliebtes Ausflugsziel erstreckt. Ein Tipp für Architekturfans: Bevor Sie in die verzweigte Anlage eintauchen, biegen Sie kurz hinter dem Tennisclub HTC Blau-Weiß Krefeld rechts in die Kaiserstraße und dann links in die Wilhelmshofallee ab. Hier stehen die **Häuser Esters und Lange,** 2 die von Ludwig Mies van der Rohe für die befreundeten Seidenindustriellen Dr. Josef Esters und Hermann Lange gebaut wurden. Kubische Elemente formen zwei L-förmige Gebäude, die sich mit nur zwei Stockwerken der flachen niederrheinischen Landschaft anpassen. Heute dienen sie als Orte für die Wechselausstellungen der Krefelder Kunstmuseen.

GASTRO-TIPP Beschaulich geht es auf der Sonnenterrasse des „Velvet" im Herzen des Stadtwalds zu. Das Restaurant finden Sie in direkter Nähe des Tennis- und Hockeyvereins.

Sind Sie diesem Extra nicht gefolgt, umrunden Sie den **Stadtwald,** 3 ein 35 Hektar großes Gelände. Diese grüne Oase wurde vom Samt- und Seidenfabrikanten Wilhelm Deuß mit einer großzügigen Spende gestiftet und 1901 eröffnet. Für die Gestaltung zeichnete der Düsseldorfer Gartenarchitekt Fritz Rosorius verantwortlich, der teils einen englischen Landschaftsgarten anlegte, teils die Natur unberührt gedeihen ließ. Ist Ihnen eher nach einem Spaziergang oder einer Runde mit dem Tretboot oder wollen Sie eine kleine Trainingseinheit beim Outdoor-Fitness einschieben? Können Sie alles. Und von Golf bis Tennis noch einiges mehr. Wofür Sie sich auf jeden Fall Zeit nehmen sollten? Für ein kühles Getränk im **Stadtwaldhaus** mit seinem beliebten Biergarten, der Platz für etwa 3.000 Ausflügler bietet.

Der Hubertusbrunnen steht im Ortskern von St. Hubert.

INFO Mit Anmeldung können Interessierte das Weberhaus jederzeit besichtigen: Telefon 02152/7500, www.heimatverein-st-hubert.de.

Übrigens: Dieser Biergarten ist in einer Online-Umfrage der Zeitschrift „Falstaff" zum schönsten Deutschlands gewählt worden. Also: Nix wie hin!

Genusspause beendet? Rein in den Sattel, Hände an den Lenker, Navigation aus dem Schlaf wecken! Hinter der Galopprennbahn mit ihren Jugenstilgebäuden und dem Golfplatz unterqueren Sie den Europaring und passieren wenig befahrene Wohngebiete, Felder und Wälder, aus denen sich links der Kapuzinerberg und rechts der Inrather Berg erheben. Am Steeger Dyk führt die Tour eigentlich nach links, aber ich möchte Sie zu einem kleinen Abstecher nach rechts in das Naturschutzgebiet Hülser Bruch mit dem prägnanten **Aussichtsturm** 4 einladen: Bei klarer Sicht schweift Ihr Blick aus 107 Metern Höhe tief in den Niederrhein und das Ruhrgebiet hinein.

Der Originalstrecke folgend, radeln Sie durch den Krefelder Stadtteil Hüls und kommen in St. Hubert an, das bereits zu Kempen gehört. An der Kreuzung Bellstraße-Königsstraße biegen Sie - leicht abweichend von der Streckenführung - rechts ab. Nach wenigen Metern erreichen Sie am Abzweig Erlengrund das **Weberhaus Kempen** 5 in der alten Bürgermeisterei St. Hubert, in dem früher rund 600 Webstühle klapperten. Von 2001 bis 2003 hat es der St. Huberter Heimatverein, seit 2001 Eigentümer des Weberhauses, mühe- und liebevoll restauriert. Schon von außen ist es mit seiner Fassade aus alten Klinkersteinen, den unterteilten Fenstern und den grünen Fensterläden ein echtes Schmuckstück. Innen kann man an Webstuhl, Zuschneidetisch und Spinnrad erleben, wie einst am Niederrhein gearbeitet wurde.

Mit einem Fadenzähler wurde die Qualität der Stoffe geprüft.

Ruhe, Entspannung und Entschleunigung sind auf den folgenden Kilometern Ihre Wegbegleiter, denn hinter St. Hubert erfüllt der Niederrhein seine Klischees: Kopfweiden und Naturhecken, weite Landschaft, grüne Wiesen und Pferdekoppeln, breite Felder, immer mal wieder unterbrochen von verträumt liegenden Gewässern,

prächtigen Gebäuden und typischen Mühlen. Eine davon ist die **Kastenbockwindmühle** 6 in Tönisberg. Sie soll aus dem 17. Jahrhundert stammen und verkörpert eine von nur vier erhaltenen dieser Art am ganzen Niederrhein. Dahinter – in Richtung Wald – erhebt sich die ehemalige **Zeche Niederberg,** 7 die in den 1960er-Jahren gerade mal sechs Jahre in Betrieb war. Förderturm, Maschinenhaus und Schachthalle sind inzwischen denkmalgeschützt.

Durch Tönisberg radeln Sie vorbei am **Haus Erprath,** einem ehemaligen Rittergut mit kleinem Glockenturm, und entlang weitläufiger, teils bewaldeter Naturschutzgebiete zur **Egelsberger Mühle,** 8 einer Turmwindmühle holländischer Bauart. Besonders im Frühling strahlt das Weiß ihrer Fassade mit dem leuchtenden Gelb von Rapsfeldern um die Wette. Die Bänke an der Mühle sind ein fantastischer Beobachtungspunkt auf den Betrieb des angrenzenden Segelflugplatzes. Apropos: Das **Flugplatz-Restaurant** mit Biergarten und Natur-Kinderspielplatz bietet einen herrlichen Blick auf die startenden und landenden Segel- und Motorflieger. Und falls Sie länger bleiben: auf wunderschöne Sonnenuntergänge.

Sie lassen den Flugplatz und Krefeld-Traar hinter sich und nähern sich nach und nach Ihnen schon bekanntem Gelände: Erneut unterqueren Sie den Europaring, erleben den Stadtwald – jetzt allerdings von der anderen Seite – und städtisches Flair, bis Sie den Ausgangspunkt der Tour erreichen.

Der kleine Glockenturm mit Zwiebelhaube macht Haus Erprath so besonders.

TIPP Ist gerade Spargel- und Erdbeerzeit? Dann stoppen Sie kurz vor Escheln am Spargelhof Goetzens!

INFO Die saisonal aktuellen Öffnungszeiten des Flugplatz-Restaurants finden Sie hier: www.gastronomie-am-egelsberg.eatbu.com.

AN- UND ABREISE
Bahnhof Mettmann-Neanderthal
P+R Bahnhof Mettmann-Neanderthal
START
Wülfrath
Mettmann
Erkrath
Gruiten
Hochdahl
Benninghoven
Obermettmann
Metzkausen
Hubbelrath
Ludenberg
Knittkuhl
Gerresheim
Vennhausen
Aaper Wald
Schwarzbachtal
Stinderbachtal
Hubbelrather Bachtal
Rotthäuser Bachtal
Morper Bachtal
Düsselauen
Eiszeitliches Wildgehege Neandertal
Grube 7
Mettmanner Bach
Krumbach
Hasselbach
Stinderbach
Rotthäuser Bach
Düssel
Wülfrather Str.
Nordstraße
Talstraße
Eidamshauser Str.
Düsseldorfer Str.
Homberger Str.
Erkrather Weg
Erkrather Landstraße
Mettmanner Str.
Knittkuhler Str.
Benderstraße
Sandträgerweg
Osterholzer Str.
Parkstraße

11

Mettmann

Die ersten 9 Kilometer sind so etwas wie das Warm-up für den Rest der Tour. Danach ist das Profil mit seinem kontinuierlichen Auf und Ab durch das Bergische Land durchaus anspruchsvoll und eher für konditionell gut trainierte Hobbyradler geeignet. Oder ein E-Bike macht die Anstiege flach(er).

40,9 km

2:50 Stunden bei 14,4 km/h

440 Meter ↗ **440 Meter** ↘

Auf Seite 6 finden Sie einen Hinweis, wo Sie die GPS-Daten kostenlos herunterladen können.

Erlebnis	●●●○○
Familientauglich	●○○○○
Schwierigkeit	●●●●●
Schwierigkeit E-Bike	●●●○○

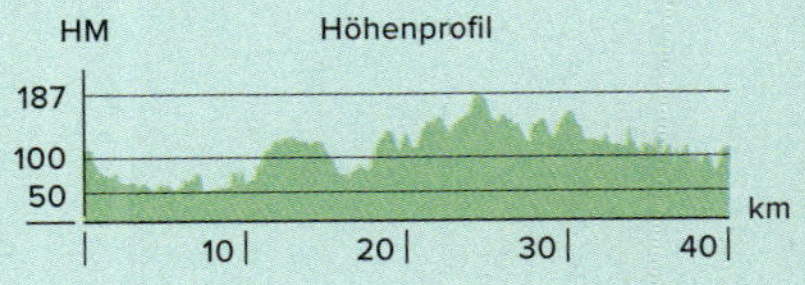

SEHENSWÜRDIGKEITEN
GEFÖRDERT VON DER NRW-STIFTUNG

1. Neanderthalmuseum · Talstraße 300 · 40822 Mettmann
2. Haus Morp
3. Gerricusplatz
4. Erinneringe
5. Dorf Gruiten
6. Haus Am Quall · Am Quall 12 · 42781 Haan
7. Winkelsmühle
8. Eiszeitliches Wildgehege

E-BIKE-LADESTATIONEN
• VELO Leitner • Neanderstraße 5 • 40822 Mettmann
• AWO • Gottfried-Wetzel-Straße 8 • 40822 Mettmann

INFO Entdecken Sie die „Erlebniswelt Neandertal" und suchen Sie sich die besten Attraktionen heraus: www.neanderthal.de.

Neues Highlight: der „Erlebnisturm Höhlenblick".

Hinsichtlich der Familientauglichkeit ist das wirklich sehr schade, denn gerade für Kinder jedes Alters bietet am Start-Ziel-Punkt die „Erlebniswelt Neandertal" unzählige Entdeckungshighlights. Wo vor fast 170 Jahren der Neandertaler entdeckt wurde, steht heute mit dem **Neanderthalmuseum** 1 eines der beliebtesten Museen Europas. Die multimedialen Präsentationen lassen die Geschichte der Menschheit von den Anfängen vor mehr als vier Millionen Jahren bis in die Gegenwart erleben. Herzstück sind Rekonstruktionen rund um Mr. N, die sich auf dem Stammbusch, einer raumgreifenden Holzkonstruktion, versammeln. In einer weltweit einzigartigen Morphing-Station können Sie sich sogar selbst in einen Neandertaler verwandeln.
Klettern Sie auf den „Erlebnisturm Höhlenblick", dessen Kuppel eine 50-fach vergrößerte Schädelreplik des Neandertalers ist, stehen Sie genau an der Stelle, wo die Fundhöhle war. Virtuelle Fernrohre eröffnen Ihnen von hier aus den Blick in die eiszeitliche Schlucht, durch die Mammutherden stapfen und die Urzeitmenschen ihr Tagwerk verrichten. Sind Sie schwindelfrei? Dann bekommen Sie auf einem großen Kletternetz im Inneren des Turms ein Gefühl für die ehemals tiefen Schluchten des Tals.
Nach so viel Abenteuer ist einige Zeit im Sattel genau richtig. Entlang der Düssel, die wildromantisch durchs Grüne plätschert, und durch Erkrath radeln Sie auf **Haus Morp** 2 in den grünen Auen des Rotthäuser Bachtals

zu. Die Geschichte des unter Denkmalschutz stehenden ehemaligen Ritterguts lässt sich bis ins 12. Jahrhundert zurückverfolgen. Der ursprüngliche Name „Morafa" zeigt an, wo Sie sich aufhalten: im Moor (Mor-) und am Wasser (-afa ist die keltische Endung für Gewässer) – tatsächlich war dieses alte Rittergut mal eine Wasserburg. Heute ist es in Privatbesitz, die Räume werden gewerblich genutzt. Am Haus Morp biegen Sie rechts ab und folgen den Bahngleisen am Morper Bachtal bis zu den Gerresheimer Höhen. An der Quadenhofstraße biegen Sie erneut rechts ab und stürzen sich ab jetzt in das Abenteuer „Bergetappen".

Eine erste Unterbrechung bietet sich direkt in Gerresheim an. Verlassen Sie dafür an der Gerricusstraße die Route und entdecken Sie wenige Meter weiter den malerischen, von großkronigen Platanen umsäumten **Gerricusplatz,** 3 an dem das Herz dieses Düsseldorfer Stadtteils schlägt. Auf dem Platz steht die dreischiffige **Basilika St. Margareta,** die 1982 von Papst Johannes Paul II. zur Basilica minor erhoben wurde. In ihrem Inneren können Sie ein ottonisches Kreuz aus dem 10. Jahrhundert und den Gerresheimer Gnadenstuhl aus dem 13. Jahrhundert bestaunen. Rund um den Platz gruppieren sich Fachwerkhäuser aus dem 17. und 19. Jahrhundert und der Heimatbrunnen, der historische Szenen und Persönlichkeiten abbildet. Hinter einem schmalen Durchgang gelangen Sie zum sogenannten Quadenhof, einer typischen Wasserburg in Ziegelbauweise, die aus dem 15. Jahrhundert stammt und früher Wohnsitz des Burgvogts war. Direkt am Gerricusplatz liegt auch das **Restaurant „Herr Knillmann".** Innen wie außen ist das Ambiente einmalig, hier können Sie die Seele wunderbar baumeln lassen und einfach eine gute Zeit haben.

Turm und Basilika von St. Margareta präsentieren sich mal romanisch schlicht und rund, mal gotisch verziert und spitz.

INFO Die Speisekarte bietet alles, was lecker schmeckt und richtig satt macht – von Burgern und Pasta bis zu Flammkuchen und traditionellen Fleischgerichten. www.herr-knillmann.de

Auf wenig befahrenen, asphaltierten Straßen sowie befestigten land- und forstwirtschaftlichen Wegen sammeln Sie nun ordentlich Kilometer und Höhenmeter, können dennoch die Landschaft genießen und den Blick schweifen lassen. Sie passieren unter anderem Pillebachtal, Rotthäuser Bachtal und Schwarzbachtal, Felder, Wiesen und Waldstücke prägen das Bild. Vorsicht, mittendrin überqueren Sie die viel befahrene Bergische Landstraße! Vorbei an den seit Jahren leerstehenden Gebäuden der alten Bergischen Kaserne folgt bald darauf Knittkuhl, einer der kleinsten Stadtteile Düsseldorfs. Sollten Sie den kulinarischen Abstecher in Gerresheim ausgelassen haben, befindet sich etwa 400 Meter abseits der Streckenführung der alteingesessene **Landgasthof „Gut Knittkuhle"** mit seiner großzügigen und einladenden Außenterrasse.

INFO Ausflugsfreundlich und genussorientiert: Die Küche des Landgasthofs ist an allen Wochentagen von 12 bis 22 Uhr geöffnet.

Nach knapp 27 Kilometern erreichen Sie Mettmann, wo Sie direkt am historischen Ortskern mit der alten Lambertuskirche vorbeifahren. Gönnen Sie Ihren Beinen ruhig eine Strampelpause und durchstreifen Sie die kleinen Gassen, die von Bergischem Fachwerk geprägt sind. Zudem laden hier viele Cafés und Restaurants zum Verweilen ein, beispielsweise das **Café Am Markt,** wo Sie unter türkischen Haselbäumen auch wunderbar draußen speisen und relaxen können. Äußerst sehenswert sind die **Erinneringe** 4 auf dem Lavalplatz, auf denen wie bei einem wachsenden Gedächtnisbaum pro Jahr prägende Ereignisse der Stadtgeschichte festgehalten werden.

Ähnlich liebevoll erhaltene und zum Teil denkmalgeschützte Fachwerkhäuschen mit den für die niederbergische Architektur typischen Schieferdächern und -verkleidungen entdecken Sie wenig später im historischen **Dorf Gruiten,** 5 das zur Gartenstadt Haan gehört. Mittendrin steht auch das älteste Haus des Ortes: das **Haus Am Quall.** 6 Im 14. Jahrhundert gab es zunächst nur den trutzigen steinernen Turm, der als Kornlager diente, bei Gefahr aber auch den Bewohnern Zuflucht bot. Um die Befestigung noch sicherer zu machen, stauten diese die Düssel so, dass der Turm im Wasser stand. Von diesem Überschwemmen beziehungsweise Quallen leitet sich auch der Name ab. Die

Mitten im historischen Dorf Gruiten steht das älteste noch erhaltene Haus des Ortsteiles: das Haus Am Quall.

zweite Hälfte des Hauses wurde im 16. Jahrhundert als Wohnhaus dazugebaut. Jetzt stehen beide Teile unter Denkmalschutz und können für Veranstaltungen gemietet werden. Etwa 100 Meter entfernt und ein Ministück abseits der Route ist das **Café im Dorf** ein beliebter Treffpunkt für Einheimische und Rastsuchende. Stachelbeer-Baiser, Heidelbeer-Mascarpone, Himbeer-Stracciatella, Apfel-Krokant: An der Kuchentheke haben Sie definitiv die Qual der Wahl. Und das ist wirklich nur das Appetithäppchen.

Der letzte Teil der Strecke führt Sie durch das östliche Neandertal entlang der Düssel. Zwischen der Hofschaft Bracken und dem ehemaligen Ausflugslokal „Haus Wanderklub" kommen Sie an der historischen **Winkelsmühle** 7 vorbei. Seit einigen Jahren ist sie im Privatbesitz, weshalb der Weg durch das Gelände gesperrt ist, aber vom Umgehungsweg erhaschen Sie trotzdem einen tollen Blick darauf. Etwas unterhalb der Route lohnt sich ein Abstecher zum **Eiszeitlichen Wildtiergehege** 8 als Teil der „Erlebniswelt Neandertal" – die Wege dorthin sind sehr gut ausgeschildert. An zwei weiteren Highlights dieser Erlebniswelt radeln Sie direkt vorbei: an der **Steinzeitwerkstatt,** die jedoch nur im Rahmen öffentlicher Veranstaltungen oder Workshops besuchbar ist, und am **Kunstweg „Menschenspuren"** mit zehn Skulpturen, die zur Reflexion über das Verhältnis von Mensch und Natur einladen sollen.

Am linken Ufer der Düssel steht die Winkelsmühle, die 1483 erstmals urkundlich erwähnt wurde.

Klasse, Sie haben diese anspruchsvolle Tour mit Bravour gemeistert! Vielleicht gönnen Sie sich zur Belohnung noch ein besonderes Genusserlebnis im **Neandertal No. 1:** In einem Private Dining werden Ihnen von der Steinzeit inspirierte Speisen und Getränke serviert. Und sonst setzen Sie sich auf der hübschen Terrasse einfach in die Sonne und genießen kleine Gerichte, Salate, Sandwiches und Kuchen. Gute Erholung!

INFO Alles Wissenswerte rund um die Gastronomie-Angebote finden Sie hier: www.neandertal1.com.

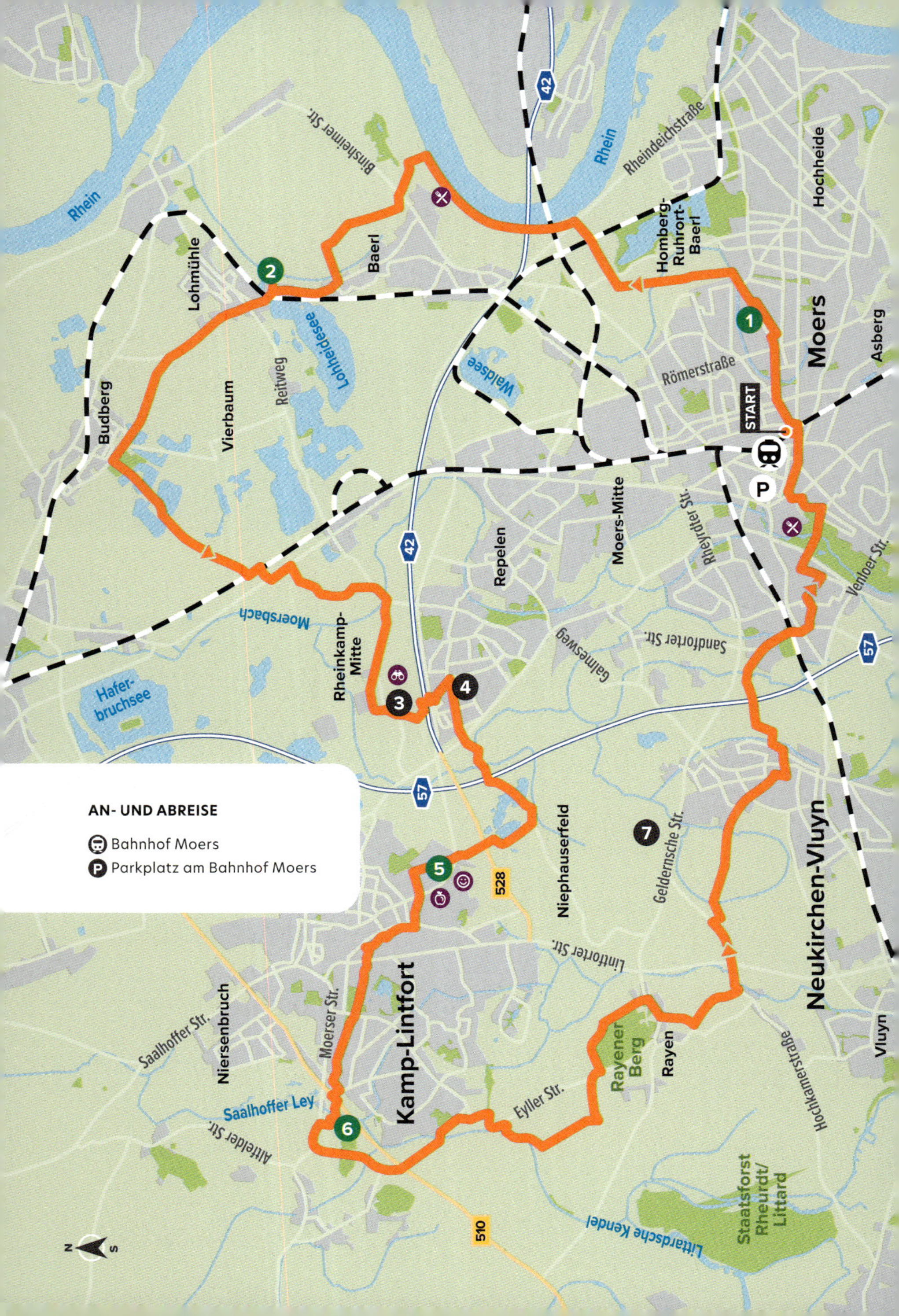

AN- UND ABREISE
Bahnhof Moers
Parkplatz am Bahnhof Moers
START
Moers
Asberg
Hochheide
Homberg-Ruhrort-Baerl
Rheindeichstraße
Rhein
Binsheimer Str.
Baerl
Lohmühle
Lohheidesee
Budberg
Vierbaum
Reitweg
Waldsee
Römerstraße
Moers-Mitte
Repelen
Rheinkamp-Mitte
Moersbach
Haferbruchsee
Rheydter Str.
Venloer Str.
Sandforter Str.
Galmesweg
Niephauserfeld
Geldernsche Str.
Neukirchen-Vluyn
Vluyn
Linfforter Str.
Kamp-Lintfort
Moerser Str.
Niersenbruch
Saalhoffer Str.
Saalhoffer Ley
Altfelder Str.
Eyller Str.
Rayener Berg
Rayen
Hochkamerstraße
Staatsforst Rheurdt/Littard
Littardsche Kendel
42
57
528
510
N
S

12

Moers

Diese Tour verbindet das Erleben von (Industrie-)Kultur und Natur auf eindrucksvolle Weise. Im Glutsommer 2022 waren eine Freundin und ich sehr früh unterwegs, als alle Cafés noch geschlossen hatten – die Gastro-Tipps beruhen also auf Empfehlungen von Freunden und virtuellem Nachfahren.

47,1 km

2:58 Stunden bei 15,8 km/h

150 Meter ↗ **150 Meter** ↘

Auf Seite 6 finden Sie einen Hinweis, wo Sie die GPS-Daten kostenlos herunterladen können.

Erlebnis	●●●●○
Familientauglich	●●●○○
Schwierigkeit	●○○○○
Schwierigkeit E-Bike	●○○○○

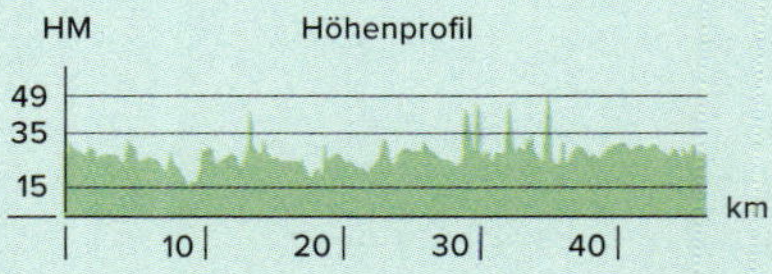

SEHENSWÜRDIGKEITEN

GEFÖRDERT VON DER NRW-STIFTUNG

1. Zeche Rheinpreußen · Zechenstraße 50 · 47443 Moers
2. Lohmühler Mühle · An der Lohmühle 10 · 47199 Duisburg
3. Halde Pattberg
4. Siedlung Repelen
5. Zechenpark Friedrich-Heinrich
6. Kloster Kamp · 47475 Kamp-Lintfort
7. Halde Norddeutschland

Schon von Weitem ist das 48 Meter hohe Doppelstrebengerüst von Schacht IV der **Zeche Rheinpreußen** 1 zu sehen und sagt Ihnen: „Hier geht's lang!" Das benachbarte Fördermaschinenhaus und die Büro-, Kauen- und Werkstattgebäude galten zur damaligen Zeit als ästhetisch und ökonomisch zugleich. So gab es beispielsweise einen Mannschaftsgang, über den die Kumpel gehen konnten, ohne offenes Gelände zu überqueren. Die eher verspielte Architektur setzte einen Kontrast zum industriellen Umfeld. Bis in die 1990er-Jahre wurde das schwarze Gold aus dem 93,5 Quadratkilometer großen Grubenfeld gefördert. Dann war allerdings Schicht im Schacht.

Markante Architektur: das älteste erhaltene Fördergerüst mit Doppelstreben.

SCHLAUCHAUTOMAT
• Dein Farradladen • Im Ring 29 • 47445 Moers

E-BIKE-LADESTATIONEN
• ENNI Sportpark Rheinkamp • Am Sportzentrum 5 • 47445 Moers
• Kloster Kamp • Abteiplatz 24 • 47475 Kamp-Lintfort

SEHENSWERTES AM WEGESRAND Nicht Teil der Route, aber ein Sightseeing-Muss ist die Halde Rheinpreußen, die zur Landmarke ausgebaut wurde: Auf dem Gipfel thront „Das Geleucht", ein etwa 30 Meter hoher Turm in Form einer Grubenlampe. Setzen Sie sich am besten in der GPS-Datei einen Extramarker – der Umweg lohnt sich!

Büro, Kaue, Fördermaschinenhaus und Doppelstrebengerüst stehen seit 1989 unter Denkmalschutz und wurden bis 2000 aufwendig saniert. Mitglieder des Grafschafter Museums- und Geschichtsvereins laden an Sonntagen zwischen Mai und Oktober von 13 bis 16 Uhr zu einem Streifzug durch die Bergbaugeschichte ein: Im Fördermaschinenhaus vermitteln eingespielte Bergbaugeräusche, Filme und liebevoll zusammengetragene Exponate, wie sich das Leben der Kumpel im Laufe der Zeit gewandelt hat.

Raus aus der Industrielandschaft, rein in die Niederrheinidylle: In einem eleganten Bogen fließt der Rhein an Baerl vorbei – und Sie folgen ihm. Jeder Meter Deich ist wie ein Stückchen Urlaub. Weit ist der Blick aufs Wasser, beruhigend das Grün der Wiesen und Auen. Am liebsten möchten Sie den Miniurlaub verlängern, zumindest ein wenig? Der ideale Ort für Entspannung, einen einzigartigen Rheinblick und köstliches Essen ist der **Rheinblick Baerl** an der Rheinuferpromenade. Fast täglich steht hier in der Nähe auch ein Eiswagen. Auf einer der vielen Bänke können Sie genüsslich genießend dem Wasser und der Zeit beim Fließen zusehen.

Hinter Baerl radeln Sie gen Lohmühle. Zwischen Binsheimer Feld und dem Erholungsgebiet Lohheider

Im Moerser Schlosspark gibt es einen zauberhaften Rosengarten und die Kulturinsel „Nepix Kull".

See liegt auf einem Deich die **Lohmühler Mühle.** 2 Die Flügel der Turmwindmühle drehten sich bis 1916, danach wurde auf Motorkraft umgestellt. 1960 wurde die Mühle stillgelegt. In den 1970er-Jahren folgte eine Teilsanierung, seit 1985 steht die Mühle unter Denkmalschutz. Den erneuten Verfall hielt das leider nicht auf. Bis sich der Mühlenverein Lohmühle gründete – mit dem Ziel, das alte Schmuckstück in ein neues zu verwandeln. Die Sanierungsarbeiten waren 2018 nach zehn Jahren eigentlich abgeschlossen. Nach einem einmaligen Probelauf stand die Mühle trotzdem still, weil neue Auflagen zu erfüllen waren. Noch einmal gingen sieben Jahre ins Land, in denen in Eigenleistung und mithilfe von Sponsoren Parkplätze und ein Zaun errichtet wurden.

Nun steuern Sie auf die begrünte **Halde Pattberg** 3 zu. Gut ausgebaute Rad- und Wanderwege ermöglichen problemlos das Erklimmen des in 75 Meter Höhe gelegenen Plateaus. Vom Gipfelkreuz aus haben Sie einen sensationellen Blick in das Ruhrgebiet und auf die umliegenden Städte. Bald darauf erreichen Sie die **Siedlung Repelen,** 4 die Ende 1927 mit der Eröffnung des Schachtes VI Pattberg gegründet wurde. Das Siedlungsbild ist durch zweigeschossige Mehrfamilienhäuser aus Backstein bestimmt, die alle so angeordnet sind, dass sie große, begrünte Innenhöfe bilden.

INFO Weitere Informationen zu Besichtigungen und zur Geschichte der Mühle gibt es unter www.muehlenverein-lohmuehle.de.

INFO Der Förderturm kann sonntags von 10 bis 13 Uhr und von 14 bis 17 Uhr besichtigt werden, der Lehrstollen ist sonntags von 10 bis 13 Uhr geöffnet.

Rüber über die A 57 und an Kiesgruben vorbei kommen Sie wenig später am ehemaligen Arbeitsplatz der Siedlungsbergleute an, der **Zeche Friedrich-Heinrich.** 5 Beziehungsweise erst mal am weitläufigen Zechenpark, der mit der Landesgartenschau 2020 zu einem Naherholungsgebiet mitten in Kamp-Lintfort geworden ist. Auf dem 25 Hektar großen Areal gibt es einen Spiel- und Bouleplatz, einen Tierpark sowie Grün- und Blumenflächen mit Bänken, die ideal für ein Picknick sind. Und natürlich ganz viel Industriekultur, in deren Zentrum mit dem Förderturm eines der Wahrzeichen von Kamp-Lintfort steht. Im ehemaligen Pumpenhaus können Sie beispielsweise mehr über die Geschichte des Bergbaus in der Region erfahren.

Ab dem Stephanswäldchen radeln Sie den Wandelweg entlang, der das Zechengelände mit Kloster Kamp verbindet. Abwechslungsreich gestaltet, mit naturnahen Bepflanzungen, mal besonnt, dann wieder schattig, folgen Sie darauf der Großen Gorley. Dieser renaturierte Bachlauf wurde von der Zeche erst als Entwässerungsgraben und später als Abwasserkanal genutzt. Unterhalb von Kloster Kamp mündet der Bach in die Fossa Eugeniana, ein nie vollendetes Kanalprojekt, das zur Zeit des Spanisch-Niederländischen Kriegs den Rhein mit der Maas verbinden sollte.

Der Alte Garten ist nach historischem Vorbild als Blumen- und Nutzgarten angelegt.

Die Route führt Sie nun durch den bezaubernden Alten Garten oberhalb an **Kloster Kamp** 6 vorbei. Damit lassen Sie sich allerdings das „Sanssouci am Niederrhein" entgehen. Fahren Sie ganz ohne Sorgen im Alten Garten einfach den südlichen Weg hinein in den nach altem Vorbild rekonstruierten Terrassen- und Barockgarten. Besonders im Sommer eröffnet sich der Blick auf ein unglaubliches Blumenmeer in den symmetrisch angelegten Beeten, Orangerien und Wasserspiele laden zum Lustwandeln ein.

Auch darüber hinaus lohnt sich das Erkunden des ältesten Zisterzienserklosters im deutschsprachigen Raum - die letzten Mönche zogen übrigens erst 2001 aus. Beeindruckend sind die große Abteikirche mit ihren zwei charakteristischen Zwiebeltürmen und einer Orgel aus dem frühen 18. Jahrhundert, die Schatzkammer, die das klösterliche Leben im Wechsel der Zeiten präsentiert, und das Ordensmuseum im Agathastift.
Industriell, kulturell, landschaftlich: so viele Eindrücke, die Sie erst mal sacken lassen müssen. Sind Sie mit Freunden oder der Familie unterwegs, sagen Sie wahrscheinlich immer wieder: „Oh, wie schön! Das habe ich nicht erwartet!“ (Oder wie man im Ruhrpott sagen würde: „Donnerlüttchen, dat hab ich nicht erwartet!“) Absolvieren Sie die Tour allein, wird Ihnen sehr oft ein glückliches Lächeln übers Gesicht huschen. Auf jeden Fall lässt Ihnen die Fahrt zurück nach Moers Zeit zum Revue-passieren-Lassen. Sie sind nun mal inmitten der Melange, die diese Region sicher mehr als andere bietet. Auf Industriedenkmäler folgt Natur, mal frei sprießend, mal landwirtschaftlich genutzt. Schön zu durchfahren ist sie - steigungslos und auf gutem Untergrund - allemal.
Ich weiß: Mit knapp 47 Kilometern ist diese Tour nicht gerade kurz. Einen Abstecher lege ich Ihnen dennoch ans Herz: auf die **Halde Norddeutschland.** 7 Echte Besuchermagnete auf der etwas über 100 Meter hohen Aufschüttung sind die Landmarken **„Hallenhaus“** und **„Himmelstreppe“.** Zu Ersterer gelangen Sie über Letztere. Also: Rad anschließen und 359 Stufen überwinden. Zugegeben: Leichter wird der Aufstieg über einen der Spazierwege. Aber lassen Sie sich gern auf diese Herausforderung ein. Oben angekommen, haben Sie einen herrlichen Blick auf die Region.
Die Route führt Sie schließlich wieder über die A 57 ins Moerser Stadtgebiet. Vielleicht stoppen Sie noch am **Schloss** und im **Schlosspark?** Lassen Sie diese Tour auf jeden Fall in der Altstadt in einem der **Cafés** oder **Restaurants** ausklingen.

GASTRO-TIPP Mit dem Haus Alte Schmiede und dem Haus Bieger haben Sie am Terrassengarten gleich zwei Einkehrmöglichkeiten.

INFO Setzen Sie sich in der GPS-Datei einen Marker, dann werden Sie über Hochkamerstraße und Celdernsche Straße zur „Himmelstreppe“ geführt.

TIPP Ihre Touren- und Urlaubsplanung lässt noch etwas Luft und Sie lieben Jazz? Planen Sie diese Tour rund um Pfingsten und das „Moers Festival“.

AN- UND ABREISE

- Bahnhof Rheydt-Odenkirchen
- Parkplatz am Bahnhof Rheydt-Odenkirchen (Kohrbleiche)

E-BIKE-LADESTATION

- Schloss Dyck (in der Nähe von Landladen und Obstverkauf)

13

Mönchengladbach

Auf knapp 46 Kilometern entdecken Sie vier Förderprojekte der NRW-Stiftung - eines schöner als das andere. Stellen Sie sich aber bitte darauf ein, dass sehr unterschiedliche Untergründe mit einigen Asphaltblasen, also welligen Abschnitten, ab und zu Fahrtechnik und Gleichgewichtssinn herausfordern.

45,7 km

3:02 Stunden bei 15,1 km/h

↗ 170 Meter **↘ 170 Meter**

Auf Seite 6 finden Sie einen Hinweis, wo Sie die GPS-Daten kostenlos herunterladen können.

Erlebnis	●●●○○
Familientauglich	●●●○○
Schwierigkeit	●●●●○
Schwierigkeit E-Bike	●●○○○

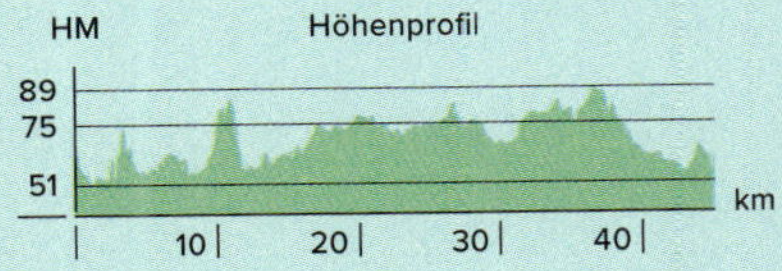

SEHENSWÜRDIGKEITEN
GEFÖRDERT VON DER NRW-STIFTUNG

1. Tiergarten Mönchengladbach
2. Schloss Liedberg · Schlossstraße 39 · 41352 Korschenbroich
3. Ziegenhof Nilgen-Schmitz
4. Schloss Dyck · 41363 Jüchen
5. Schriefersmühle · 41179 Mönchengladbach
6. Burgturm Odenkirchen · Burgstraße 18 · 41199 Mönchengladbach

Wiesen, Äcker und Bauernhöfe prägen das Bild der Tour.

Unbedingt ans Herz legen möchte ich Ihnen, dass Sie neben ausreichend Picknickleckereien Platz in den Satteltaschen oder im Rucksack lassen. Denn Sie kommen an so vielen Bauernhöfen und -lädchen vorbei, die regionale Spezialitäten anbieten. Und es wäre doch richtig schade, wenn Sie nichts davon mit nach Hause nehmen könnten ...

Bereits nach wenigen Metern, wenn Sie von der Ruhrfelder Straße halblinks in die Straße Zur Burgmühle einbiegen, müssen Sie sich entscheiden: Möchten Sie weiterrollen und etwas Strecke hinter sich bringen? Oder ist ein wenig Sightseeing zur Einstimmung genau richtig? Odenkirchen ist zwar ein eher kleiner Stadtbezirk von Mönchengladbach, bietet aber landschaftlich und architektonisch einiges. Dazu vielleicht lieber später mehr. An dieser Stelle nur ein Tipp: Kurz vor dem Ortsausgang befindet sich mit dem **Tiergarten** 1 ☺ ein echter Publikumsmagnet, der jährlich mehr als 200.000 Besucher anzieht. Etwas Zeit sollten Sie bei Lust und Laune dafür einplanen, das Gelände ist immerhin über 4 Hektar groß.

Die NRWRadtour ist das Highlight des Fahrradsommers.

Jetzt wird es ländlich. Breite Wiesen und Äcker bestimmen das Bild - und Sie sind auf Feld- und Wirtschaftswegen mittendrin. Kurz ist eine Landstraße zu queren, Sie radeln an großen Flächen einer Baumschule vorbei und durch das Örtchen Schelsen. Dann geht es geradewegs auf das und den Liedberg zu, denn dieses hübsche Fleckchen Erde ist Ort und bewaldeter Höhenrücken zugleich und bildet einen reizvollen Kontrast zu der weiten Ackerflur. Ganz oben thront das **Liedberger Schloss,** 2 das hier im 14. Jahrhundert errichtet wurde und 1701 sogar Sonnenkönig Ludwig XIV. für geheime politische Beratungen mit dem Kölner Kurfürsten Joseph Clemens beherbergte.

INFO Das Schloss wurde 2018 komplett saniert und befindet sich in Privatbesitz. Jedes Jahr zum Tag des offenen Denkmals (immer am zweiten Sonntag im September) öffnen sich die Türen für Besucher.

Fürs Fahrradfahren ist das Liedberger Kopfsteinpflaster - besonders der Anstieg zum Schloss - eine echte Herausforderung. Oder vielmehr eine Aufforderung, ein paar Gänge runterzuschalten. Oder noch besser:

Über dem historischen Ortskern thront Schloss Liedberg.

abzusteigen und sich treiben zu lassen. Wunderschöne Fachwerkhäuser aus dem 18. Jahrhundert umsäumen den Marktplatz, der im Mai oder Juni auch Austragungsort für das traditionelle Seifenkistenrennen ist. Breite Holzbänke laden zum Verweilen und Einfach-nur-Gucken ein. Für eine Miniinvestition von 50 Cent können Sie auf den **Mühlenturm** kraxeln: Bei gutem Wetter haben Sie freie Sicht bis Düsseldorf und Köln. Wenn Sie danach Hunger verspüren: Beim Hofverkauf in der Nähe gibt es auch am Wochenende frische Äpfel und andere regionale Köstlichkeiten. Oder Sie weichen kurz von der Route ab und sausen die Schlossstraße bis zum **Liedberger Landgasthaus** hinunter.

Einmal um den Liedberg auf der anderen Seite herum – wieder durchfahren Sie Felder und Äcker, die sich gefühlt bis zum Horizont strecken, bis Sie das Örtchen Steinforth erreichen. Im letzten Drittel des Kommerwegs befindet sich der **Ziegenhof Nilgen-Schmitz.** 3 Legen Sie hier eine kleine Genusspause ein! Milch, Butter, Quark, Käse in unterschiedlichsten Varianten, Joghurt, Eis und Fleisch: Alles stammt aus eigener Produktion von glücklichen Tieren. Nach Voranmeldung sind Gruppen zur Besichtigung mit Verkostung herzlich willkommen. Besonders liebenswert dürfte der Besuch von Februar bis April sein, wenn kleine Zicklein neugierig auf Besucher warten.

Ein paar Pedalumdrehungen weiter erreichen Sie **Schloss Dyck.** 4 Schließen Sie Ihr Rad

GASTRO-TIPP Das Liedberger Landgasthaus (www.llgh.de) ist äußerst beliebt, eine vorherige Reservierung ist sinnvoll.

INFO Dienstage und Sonntage sind im Ziegenhof gleichzeitig Ruhetage, samstags ist von 9 bis 14 Uhr geöffnet, sonst von 9 bis 18.30 Uhr. www.ziegenhof-nilgen-schmitz.de

Schloss Dyck ist eines der schönsten und bedeutendsten Wasserschlösser im Rheinland.

auf dem großen Fahrradparkplatz an und erkunden Sie die weiträumige Anlage! Vielleicht beginnen Sie am 2002 im Rahmen der Landesgartenschau entstandenen Dycker Feld – ein scheinbar komplett mit China-Schilf bepflanztes Areal, auf dem aber durch gezielt gesetzte Rasenflächen und grau schimmernde Platten besondere Blickachsen entstehen. Die führen Sie zu 22 quadratischen „Räumen", in denen sich moderne Themengärten befinden – Entspannung pur. Einmal drumrum und dann wandern Sie hinüber aufs Schlossgelände.

TIPP Längst keine Geheimtipps mehr: das Lichtfestival mit Illuminationen, Ton- und Videoinstallationen im September und die Schlossweihnacht im Dezember. Auch wenn Sie ohne Rad anreisen.

Erfahrungsgemäß sind Sie hier mitten im Getümmel, Schloss Dyck ist nun mal ein touristisches Highlight. Nicht grundlos, denn das Wasserschloss – eines der kulturhistorisch bedeutendsten im Rheinland – ist schlichtweg grandios. Seit Gründung der Stiftung Schloss Dyck im Jahr 1999 sind einige Räume des Schloss-Ostflügels für Besuche geöffnet. Im lichtdurchfluteten Festsaal bewundern Sie ein barockes Deckengemälde, das noch aus der Bauzeit um 1656 stammt, sowie zwölf Tableaus des Rokoko-Malers François Rousseau. Kostbare Wandbekleidungen wie die chinesische Seidentapete, die Kaiser Karl IV. seiner Tochter Theresia schenkte, zeugen noch heute von der einstigen Pracht bei Hofe. Davor flanieren Sie durch den das Schloss umgebenden, englisch inspirierten Landschaftspark, über Waldwege und Alleen. Auch kulinarisch bietet Schloss Dyck einiges – vom Obstverkauf über einen äußerst gut sortierten Landladen bis zum **Restaurant** in der alten Remise.

Die Schriefersmühle ist eines der ältesten weltlichen Bauwerke in Mönchengladbach.

Die nächsten Kilometer führen Sie erneut durch weite, breite Felder und kleine Siedlungen, vorbei an idyllisch gelegenen Bauernhöfen und dem südlichen Ortsrand von Odenkirchen sowie einem größeren Industriegebiet. Langweilig wird es aber keineswegs, denn besonders hier fordern kleinere Anstiege und wechselnde Untergründe von Asphalt über Schotter bis Sand Ihre Konzentration, Kondition und Fahrtechnik heraus.

Nach einem kurzen Stück entlang der B 57 erreichen Sie die **Schriefersmühle,** 5 die 1747 erbaut und in der über Jahrhunderte das Getreide der Bauern aus der Umgebung gemahlen wurde. Vermutlich wurde der Betrieb nach dem Ersten Weltkrieg eingestellt, danach diente die Mühle nur noch als Lagerraum. Während des Zweiten Weltkriegs stark beschädigt, brannte sie 1945 komplett aus. Seit 1986 steht sie unter Denkmalschutz, erfuhr ab 2011 eine aufwendige Sanierung und ist heute Ausstellungs- und Veranstaltungsraum für Konzerte, Liederabende, Lesungen und vieles mehr.

Ihre nächste Station: Wickrath mit seinem barocken **Schloss** und dem liebevoll angelegten Schlosspark direkt an der Niersniederung, der die Form einer Grafenkrone hat und von Weihern und Lindenalleen geprägt ist. Das Schloss ist leider nicht zu besichtigen, aber am Park findet jährlich das „Fest am See“ und ein atmosphärisch schöner Weihnachtsmarkt statt.

GASTRO-TIPP Im Landstallmeisterhaus von Schloss Wickrath können Sie sich im historischen Ambiente kulinarisch verwöhnen lassen.

Durch idyllische grüne Oasen führt Sie die letzte Etappe: Genießen Sie die malerische Auenlandschaft der Niers mit dem Naturschutzgebiet Wetscheweller Weiher und das Ambiente am Kreuzweiher. Hier, wo Hoemenstraße und Burgstraße aufeinandertreffen, steht das Wahrzeichen von Odenkirchen: der **Burgturm** 6 aus dem Jahr 1734. Er stammt aus einer ehemals vierflügeligen Schlossanlage, deren Westflügel Ende des 19. Jahrhunderts abgerissen wurde, der Restbau fiel 1943 Bomben zum Opfer. 1950/51 wiederhergestellt, übernahm 1989 der Heimatverein Odenkirchen das Gebäude und hat es liebevoll renoviert. Inzwischen ist der Burgturm sowohl Bau- als auch Bodendenkmal. Von hier aus sind es nur noch wenige Minuten, bis Sie Ihren Ausgangspunkt erreichen.

Der Burgturm ist das Wahrzeichen von Odenkirchen.

AN- UND ABREISE

Bahnhof Münster · Haltepunkt Nord

P+R Bahnhof Münster · Haltepunkt Nord

SCHLAUCHAUTOMAT

- Zweirad Weigand · Grevener Straße 434 · 48159 Münster

E-BIKE-LADESTATION

- LWL-Museum für Naturkunde · Sentruper Straße 285 · 48161 Münster

14

Münster

Münster und Radeln: Das ist wie Duisburg und Schimanski, Köln und der Dom. Unterwegssein auf der Leeze entlang unzähliger Pättkes, wie Fahrrad und Pfade hier heißen, gehört einfach zum Lebensgefühl von Jung und Alt. Ein großes Stück davon schenkt Ihnen diese Tour.

44,9 km

2:36 Stunden bei 17,3 km/h

160 Meter **160 Meter**

Auf Seite 6 finden Sie einen Hinweis, wo Sie die GPS-Daten kostenlos herunterladen können.

Erlebnis	●●●○○
Familientauglich	●●●◐○
Schwierigkeit	●●○○○
Schwierigkeit E-Bike	●○○○○

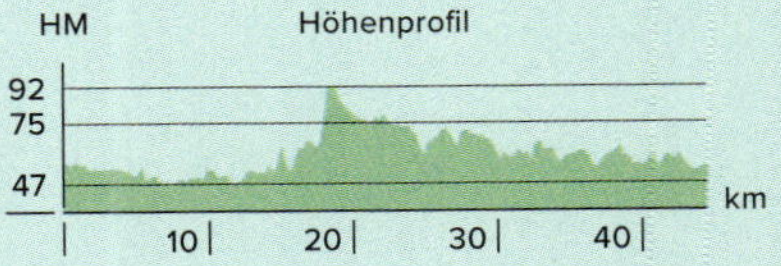

SEHENSWÜRDIGKEITEN
GEFÖRDERT VON DER NRW-STIFTUNG

1. Dortmund-Ems-Kanal
2. Naturschutzzentrum Rieselfelder · Coermühle 181 · 48157 Münster
3. Maislabyrinth
4. Haus Rüschhaus · Am Rüschhaus 81 · 48161 Münster
5. Pferdemuseum im Allwetterzoo Münster
6. Freilichtmuseum Mühlenhof · Theo-Breider-Weg 1 · 48149 Münster
7. Stadtmuseum Münster · Salzstraße 28 · 48143 Münster
8. Porzellanmuseum

Auf der Kanalpromenade könnte man ewig dahinrollen …

LIEBLINGSTOUR VON DOREEN KÖSTLER

Bücher parallel zum normalen Arbeitsgewusel schreiben: Das ist eine Herausforderung. Da war diese Tour mit ihrer Fülle an Ruhe und Natur genau richtig. Oft hätte ich mir trotzdem jemanden an meiner Seite gewünscht, dem ich immer wieder sagen kann, wie schön es hier ist. Das Rüschhaus besuche ich das nächste Mal auf jeden Fall länger.

Der Startpunkt ist gut gewählt, denn in der malerischen Landschaft können Sie sich entspannt eingrooven. Später fahren Sie direkt durch die Radhauptstadt Deutschlands – und das kann fordernd sein. Aber Sie unterqueren erst mal den Bahnhof, cruisen durch den Park Edelbach und an Feldern vorbei auf den **Dortmund-Ems-Kanal** (1) zu. Links geht's ab auf den Highway am Wasser: Das neue Stück der Kanalpromenade ist bis zu 4 Meter breit, schnurgerade und asphaltiert. So rollen Sie mühelos dahin, wenn Sie nicht immer wieder vom Rad hüpfen, weil Sie die herrlichen Farbspiele von Wasser, Himmel und Landschaft in Bildern festhalten müssen. Am liebsten möchte man so bis hoch zum Fähranleger in Norddeich …

Im Flow muss man wirklich aufpassen, nicht die Abfahrt an der Dortmund-Ems-Kanalbrücke zu verpassen. An der kleinen Landstraße Hessenweg liegt ein wenig versteckt auf der anderen Straßenseite ein wunderschöner Beobachtungs- und Aussichtspunkt auf die **Rieselfelder,** (2) ein Feuchtgebiet, wie es idyllischer kaum sein könnte. Nehmen Sie Platz auf einer der vielen Bänke und breiten Sie Ihr Picknick auf dem Tisch aus. Genießen Sie die Atmosphäre dieses Naturparadieses,

in dem zig bedrohte Tier- und Pflanzenarten ihre Heimat haben und das Rastplatz für Zugvögel ist.
Sie möchten mehr davon sehen? Nur zu! Das Gebiet ist von einem dichten Wegenetz durchzogen, das Sie zu weiteren Beobachtungspunkten bringt. Als Start bietet sich die **Biologische Station** an – die nächsten Radmeter führen Sie direkt dorthin. Im Ausstellungsraum und auf dem Naturlehrpfad können Sie sich über diesen Lebensraum informieren. Fragen Sie sich beispielsweise, warum die Rieselfelder Rieselfelder heißen? Vor gut 100 Jahren begann die Stadt hier, ihre Abwässer durch Verrieselung zu reinigen, sie also nach einer mechanischen Vorreinigung kontrolliert im Boden versickern zu lassen. So entstand eine Seenplatte mit über 130 Teichen.

Stippvisite bei WestLotto in Münster: Ab durch den Startbogen auf die nächste NRWRadtour-Etappe!

„Pättkes" ist Münsterländer Platt und bedeutet „Pfade". Das sind (alte) Wirtschaftswege jenseits der Hauptstraßen, die meistens asphaltiert oder sehr gut ausgebaut sind. Die lernen Sie auf den nächsten Kilometern in Hülle und Fülle kennen. Flach geht es durchs Münsterland mit seinen Bauern- und Pferdehöfen, Äckern, Wiesen, Weiden, Wäldchen und Wallhecken, maximal Gegenwind könnte Ihnen das Vorankommen leicht erschweren.

Im Maislabyrinth können Sie sich auf 5 Kilometern Strecke verirren und vielleicht auch wiederfinden. Oder Sie pflücken ganz in Ruhe ein paar Blumen.

In Münster-Nienberge überqueren Sie die Altenberger Straße. Unternehmen Sie diese Tour von Juli bis Oktober, wartet hier das **Maislabyrinth** 3 des Hofes Stertmann auf Ihren Entdeckerdrang. Zum Rasten und Ausruhen können Sie darin Sitzplätze aufspüren oder sich im gut versteckten Strohbett aalen. Direkt daneben ist ein riesiges Blumenfeld zum Selbstpflücken. Angesichts von verbleibender Strecke plus Heimfahrt hält sich ein Strauß wahrscheinlich nicht bis zu Hause. Aber vielleicht packen Sie eine Clip-Box ein, die Sie mit kaltem

Auf Pättkes radeln Sie durch die ursprüngliche Münsterländer Parklandschaft.

Wasser füllen. Das Feld hält in einem separaten Bereich nämlich essbare Blüten bereit, die Sie darin nach Hause transportieren. Oder Sie ernten Gemüse frisch vom Feld. Bald darauf erreichen Sie **Haus Rüschhaus,** 4 ein Kleinod spätbarocker Architektur und Erinnerungsstätte an Annette von Droste-Hülshoff (siehe Seite 93).

Haus Rüschhaus ist ein Schatz voller Geschichte und Geschichten.

Pättkes-Etappe, die zweite. Und immer wieder laden Sie Bänke zu einer Rast und zum Einfach-nur-Herumgucken ein. Irgendwann kündigt das Rauschen auf der A 1 an, dass Sie sich wieder urbanem Leben nähern. Ein bisschen dauert es aber noch, nach dem Überqueren der Autobahn geht es weiter über Wirtschaftswege, bis Sie an einem großen Waldstück ankommen. In diesem befindet sich der **Allwetterzoo Münster,** in dem man bei der Elefantenfütterung zuschauen und Pinguine beim Spazierengehen begleiten kann. Außerdem stehen Ihnen mit der Zoo-Eintrittskarte die Türen des **Westfälischen Pferdemuseums** 5 und des **Robbenhavens,** einer der größten Seelöwen-Anlagen in Europa, offen.

Rauf auf den Sattel, kurz in die Pedale treten – schon sind Sie am **Mühlenhof-Freilichtmuseum** 6 im Naherholungsgebiet am Aasee, das Sie zu einer Zeitreise

INFO Eine Führung im Freilichtmuseum dauert 60 bis 80 Minuten und sollte zwei Wochen vor Ihrem Wunschtermin gebucht werden: www.muehlenhof-muenster.org.

einlädt: Erkunden Sie Bauernhäuser, Werkstätten, eine einklassige Landschule und zig andere Gebäude aus den vergangenen 400 Jahren - viele sind Originale, einige andere wurden nach alten Vorbildern rekonstruiert. Erleben Sie, wie die Menschen im Münster- und Emsland früher lebten, schlendern Sie durch die Gärten und lassen im **Dorfkrug** bei frischem Kuchen die Seele baumeln.

Weiter geht's durch die Wiesen- und Parklandschaft des Aasees. Sind Sie an moderner Kunst interessiert, lohnt sich das Verlassen der Route runter zum Ufer, wo Sie einige Skulpturen der alle zehn Jahre stattfindenden Ausstellung **„skulptur projekte"** entdecken. Beispielsweise die Eibenhecken von Rosemarie Trockel und Donald Judds Werk „ohne Titel", zwei konzentrische Betonringe. Die Route führt Sie schließlich über die baumgesäumte Annette-Allee zu den Aaseeterrassen mit zahlreichen Restaurants und Cafés wie dem **A2.** Hier fallen Ihnen sicher auch drei überdimensionierte Betonkugeln ins Auge: Die „Giant Pool Balls" sind das erste Kunstwerk der „skulptur projekte" aus dem Jahr 1977.

Direkt am Aasee gelegen locken die Aaseeterrassen vor allem in den Sommermonaten viele Besucher an.

Ein kurzes Stück der Adenauerallee führt Sie auf die Promenade. Auf dieser wunderschönen doppelreihigen Lindenallee, die ab dem 18. Jahrhundert auf den ehemaligen Befestigungsanlagen geschaffen wurde, radeln Sie autofrei um die Altstadt herum und erreichen bequem **Cafés, Bistros** und **Restaurants.** Und natürlich Kirchen und andere historische Gebäude wie das Rathaus. Oder das 1979 gegründete **Stadtmuseum Münster** 7 direkt an der Strecke. Auf 2.500 Quadratmetern wird in 33 Kabinetten die Geschichte der Stadt von den Anfängen bis zur Gegenwart dargestellt. Glanzlichter sind unter anderem der erste Gedichtband von Annette von Droste-Hülshoff, ein

TIPP Wilsberg, Boerne und Thiel haben Münster im TV als Krimistadt etabliert. Ein anderthalbstündige Rundgang spürt deren Fällen nach und bringt Sie zu Originaldrehorten. Termine und Buchungen: www.stattreisen-muenster.de.

Die Rieselfelder sind ein echtes Naturparadies und Heimat für unzählige bedrohte Tier- und Pflanzenarten.

größtenteils vergoldetes Silberschild mit dem Wappen der Stadt Münster und eine kostbare Terrine der Meissener Porzellanmanufaktur. Ein Kabinett ist dem Maler Johann Bockhorst gewidmet, der um 1604 in Münster geboren wurde und später in Antwerpen eng mit Peter Paul Rubens zusammenarbeitete und teilweise dessen unvollendete Werke finalisierte.

Apropos Porzellan: Wussten Sie, dass von 1840 bis 1990 über ein Dutzend Porzellanmalerinnen und -maler in Münster ansässig war? Deren Kunst widmet sich der Verein zur Förderung eines **Porzellanmuseums** 8 in Münster. Inzwischen ohne eigene Räume, sind die Mitglieder bestrebt, Teile der Sammlung repräsentativ zu zeigen: Einige befinden sich in der Torhausgalerie des Stadtheimatbunds Münster (Neutor 2), andere gehen in Ausstellungen im Umland auf Reisen.

Es folgt ein weiteres Stück Promenade, dann radeln Sie durch das Kreuzviertel und schließlich entlang der immer idyllischer werdenden Gasselstiege – schon sind Sie im Nordpark/Wienburgpark und bald darauf wieder an Ihrem Ausgangspunkt.

INFO Ausstellungstermine des Porzellanmuseums finden Sie unter www.porzellanmuseum-muenster.com. Die Torhausgalerie ist montags bis freitags von 10 bis 12.30 Uhr geöffnet.

BESONDERES FÖRDERPROJEKT DER NRW-STIFTUNG

Das **Haus Rüschhaus** 4 ist ein wahres Kleinod spätbarocker Architektur und Erinnerungsstätte an Annette von Droste-Hülshoff. 29 Jahre lebte die Dichterin und Schriftstellerin auf der nahe gelegenen Burg Hülshoff, bevor sie nach dem Tod des Vaters mit Mutter und Schwester ins Rüschhaus zog. Hier verfasste sie unter anderem die Kriminalnovelle „Die Judenbuche", die Sie wahrscheinlich noch aus Ihrer Schulzeit kennen. Heute ist das Rüschhaus ein Museum, in dem Sie das Arbeitszimmer der Dichterin besichtigen können und im bezaubernden Garten zwischen Hecken und Blumenbeeten barocke Skulpturen entdecken. Außerhalb zeichnet der Lyrikweg zwischen Burg Hülshoff und Haus Rüschhaus auf etwa 7 Kilometern den Wandel von Literatur, Alltagskultur und Landschaft nach.

TIPP Auf dem Weg begleitet Sie die multimediale Lyrikweg-App. Laden Sie sich die Inhalte am besten im eigenen WLAN aufs Handy, denn das Mobilfunknetz ist hier nicht das beste. Mehr Infos: www.burg-huelshoff.de

AN- UND ABREISE

Bahnhof Neuss

BraunsMühle · An der Braunsmühle 2 · 41564 Kaarst

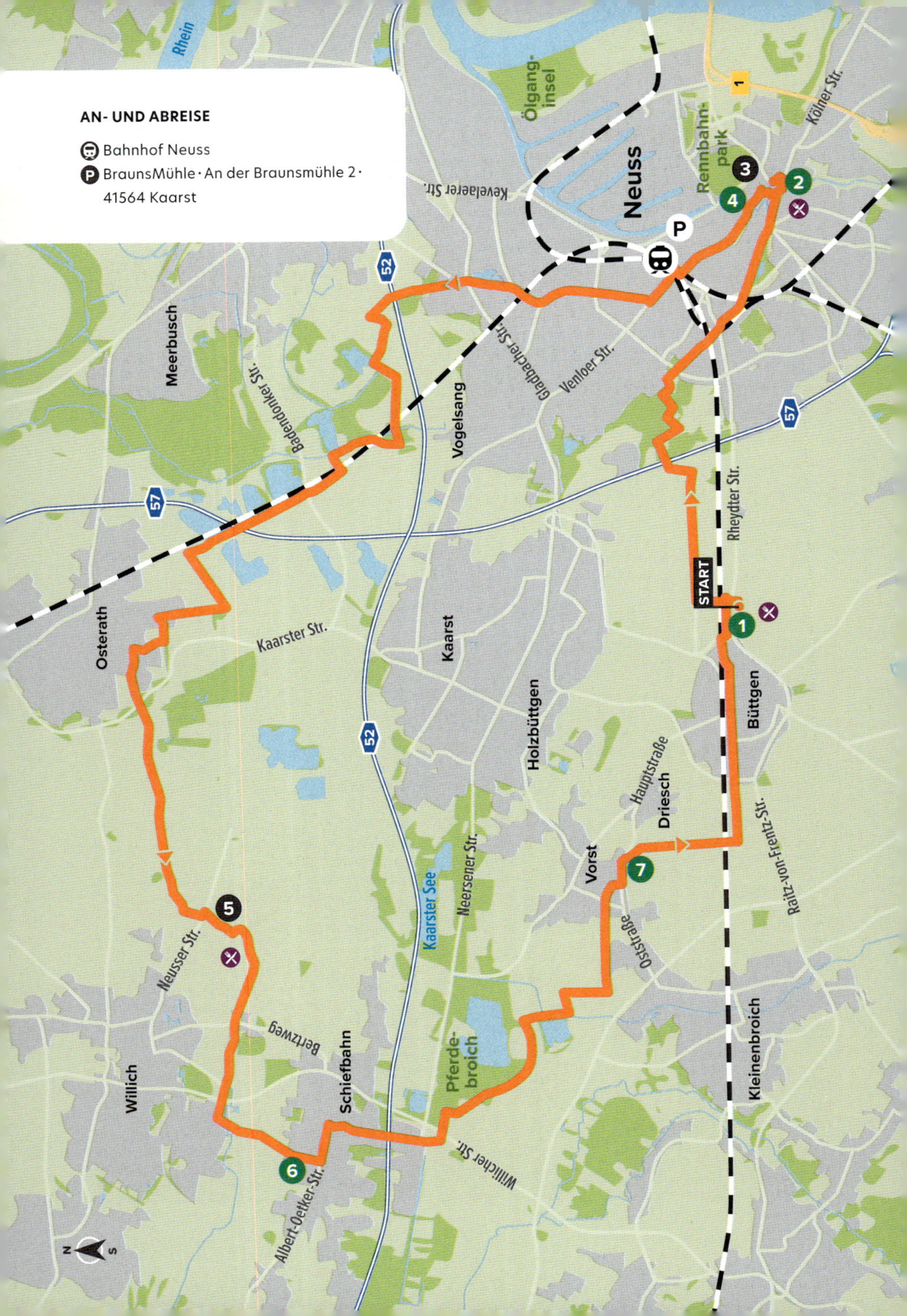

15

Neuss

Agrarwirtschaft in unzähligen Facetten mit weitem Blick ins flache Land: Eine Tour über die Feldwege im Neusser Westen hat ihren besonderen Reiz, denn noch immer gibt es viele alte Höfe, wie sie für den Niederrhein typisch sind. Und natürlich säumt einiges Sehenswerte die Strecke.

40,5 km

2:27 Stunden bei 16,6 km/h

60 Meter (Aufstieg) **60 Meter** (Abstieg)

Auf Seite 6 finden Sie einen Hinweis, wo Sie die GPS-Daten kostenlos herunterladen können.

Erlebnis	●●●●○
Familientauglich	●●●○○
Schwierigkeit	●○○○○
Schwierigkeit E-Bike	●○○○○

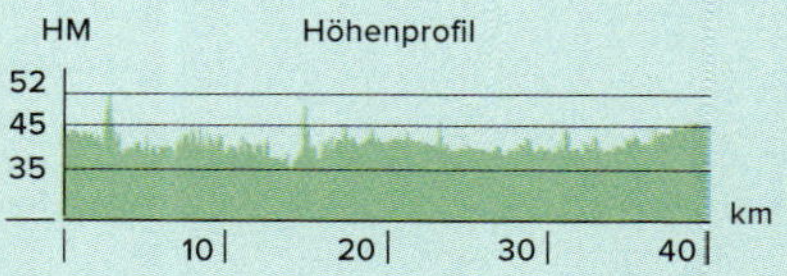

SEHENSWÜRDIGKEITEN

GEFÖRDERT VON DER NRW-STIFTUNG

1. BraunsMühle · An der Braunsmühle 2 · 41564 Kaarst
2. Epanchoir · Nordkanalallee 94 · 41464 Neuss
3. Windmühlenturm und Blutturm
4. Rheinisches Schützenmuseum · Oberstraße 58 · 41460 Neuss
5. Schauhof
6. Museum Kamps Pitter · Albert-Oetker-Straße 108 · 47877 Willich
7. Tuppenhof · Rottes 27 · 41564 Kaarst

Der größte Teil der Mühlentechnik war vollständig erhalten.

SCHLAUCHAUTOMAT
• Zweirad Hausmann • Hochstraße 22 • 47877 Willich

E-BIKE-LADESTATIONEN
• Diepeshog • Diepenbroich 57 • 47877 Willich
• Tuppenhof • Rottes 27 • 41564 Kaarst

INFO Für Besucher ist die Mühle mit ihrem angeschlossenen Mühlencafé von April bis Ende Oktober am ersten und dritten Sonntag (außer Ostersonntag und Pfingstsonntag) von 14 bis 18 Uhr geöffnet, am Pfingstmontag (Mühlentag) und zweiten Sonntag im September (Tag des Denkmals) von 11 bis 18 Uhr.

Sehenswert ist bereits der Start, die **BraunsMühle** 1 in Kaarst-Büttgen mit ihrem markanten weißen Turm. Die historische Turmwindmühle wurde 1756 durch den Grafen vom nahen Schloss Dyck aus feuerfesten Steinen errichtet, nachdem drei hölzerne Vorgänger abgebrannt waren. Verbaut wurden sage und schreibe 161.608 Feldbrandsteine, 181 Malter (eine alte Maßeinheit eigentlich für Getreide, die landschaftlich unterschiedlich definiert war) Kalk, 9.000 Pfund (4.082 Kilogramm) Eisen und 680 Fuß (etwa 207 Meter) Eichenholz. Ab 1930 wurde die Windkraft nach und nach ersetzt: Erst zog ein Dieselmotor ein und nach dem Zweiten Weltkrieg lief alles komplett mit elektrischer Energie. Mitte der 1950er-Jahre wurde die Mühle schließlich stillgelegt und blieb ungenutzt.
Das machte sich irgendwann auch optisch bemerkbar: Die Flügel waren abmontiert, die Fenster desolat, die Fassade brauchte mehr als nur einen schnellen Anstrich. Wenigstens war der größte Teil der Mühlentechnik mit den zwei Mahlgängen, seinen Getrieben und Mahlwerken noch vollständig erhalten. Im Jahr 2000, als die Fördergemeinschaft BraunsMühle gegründet wurde, begann man mit der aufwendigen Restaurierung, seit 2005 ist die Mühle wieder voll funktionsfähig und eine wunderschöne Landmarke. In dem Rundbau bringen Ihnen viele Exponate das Mühlenwesen am Niederrhein näher und das **Mühlencafé** lädt Sie zum geselligen Plausch bei Kaffee und Kuchen ein.
An Feldern und Baumschulen vorbei und durch den Stadtwald erreichen Sie Neuss und radeln entlang des **Nordkanals** unter wunderschönen alten Bäumen. Hier auf der Fietsallee wandeln Sie auf kaiserlichen Spuren. Denn kein Geringerer als Napoleon Bonaparte initiierte den Kanal von Neuss bis ins niederländische Nederweert, um den niederländischen Zöllen zu entgehen. Fertiggestellt wurde dieses ehrgeizige Projekt jedoch nie. Den Weg begleitet ein blaugrünes Band, das sich durch Bodenmarkierungen oder Stelen am Wegesrand zeigt. Und das führt Sie geradewegs zum **Epanchoir,** 2

Ein Bummel durch den Rosengarten ist im Sommer besonders schön.

einem Schleusenwerk, das den Wasserfluss von Nordkanal und Obererft reguliert. Es besteht aus zwei festen Überlaufwehren sowie zwei beweglichen Schütztafeln, die an Zahngestängen befestigt sind und mithilfe von Kurbeln gehoben und gesenkt werden. Das in der Folgezeit größtenteils überbaute Meisterwerk französischer Ingenieurskunst wurde inzwischen aufwendig saniert und ist ein touristisches Highlight. Wie so ein Epanchoir arbeitet? Das können Sie an einem funktionsfähigen Miniaturmodell testen.

Zeit für ein Radelpäuschen? Machen Sie es sich im **Biergarten „Mühlenwirtschaft"** gemütlich oder bummeln Sie durch den **Rosengarten,** eine blühende und duftende Oase der Ruhe mitten in der Innenstadt, die in den 1990er-Jahren nach ihrem historischen Vorbild rekonstruiert wurde. Der Stadtmauerweg führt Sie dann am **Windmühlenturm** und am **Blutturm** 3 vorbei. Ersterer ist als älteste städtische Mühle und einzige Windmühle in Neuss dokumentiert. Vom Mittelalter bis ins frühe 19. Jahrhundert diente er außerdem als Gefängnis. Letzterer ist einer der letzten Halbrundtürme der ehemaligen Stadtbefestigung. Vermutungen besagen, dass der Blutturm - der Name legt es sogar nahe - als Folterkammer genutzt wurde.

Zwischen den beiden Türmen lohnt sich ein Verlassen der Route für eine Stippvisite beim **Rheinischen Schützenmuseum Neuss,** 4 das sich im Haus Rottels, einem historischen Bürgerhaus aus der ersten Hälfte des

TIPP Die im Rosengarten stattfindende Klassiknacht, ein kostenfreies Open-Air-Konzert der Deutschen Kammerakademie Neuss, zieht Ende Juni viele Besucher an.

Früher wahrscheinlich eine Folterkammer: der Blutturm.

INFO Das Rheinische Schützenmuseum ist mittwochs von 11 bis 17 Uhr und sonntags von 11 bis 14 Uhr geöffnet.

19. Jahrhunderts befindet. Zu sehen sind Sammlerstücke, die die 700-jährige Tradition des Schützenwesens bis in die Gegenwart dokumentieren. Dazu zählen Uniformen des Neusser Schützenregiments, Orden, Ketten und Fahnen.

Unzählige Obstplantagen säumen die Strecke.

Neusser Innenstadt, Bahnhofsgelände, Wohn- und Industriegebiete: Das alles lassen Sie bald hinter sich. Jetzt dominieren Äcker und Felder, kleine Wälder und Obstplantagen, Reitställe und Golfanlagen das Bild. Unterwegs sind Sie auf gut ausgebauten, überwiegend asphaltierten Wirtschaftswegen, ab und zu auch mal auf Radwegen an Straßen. Kurz vor Willich lädt Sie der **Schauhof** 5 der Familie Zens zum Verweilen ein. Und zum Probieren und Kaufen von Milch, Käse und Honig aus eigener Produktion – alles bio und Bioland-zertifiziert. Außer an Feiertagen ist täglich von 9 bis 11.30 Uhr und von 17 bis 19 Uhr geöffnet. Ein paar Pedaltritte weiter kommen Sie an den **Diepeshof** mit einem schnuckeligen **Bauern-Café.** Frisch gebackene Kuchen und Waffeln, hausgemachtes Eis aus Vollmilch: Läuft Ihnen das Wasser im Mund zusammen? Dann nehmen Sie auf der sonnigen Hofterrasse Platz und genießen eine feine Auszeit.

Beim Füttern kommen Kinder Bauernhoftieren ganz nah.

Ein Schlenker über Diepenbroich und Albert-Oetker-Straße bringt Sie zum **Museum Kamps Pitter,** 6 das mit viel Liebe zum Detail von den Heimat- und Geschichtsfreunden Willich betrieben wird. Die Sammlung dokumentiert die Geschichte des Ortes Schiefbahn und hält Erinnerungen an Lebensweisen und -bedingungen der Vorfahren wach. Von der erdgeschichtlichen Entstehung über die römische, fränkische und preußische Zeit bis zur Auflösung der Gemeinde geben mehr als 1.000 Exponate Einblicke in verschiedene Bereiche. Neu hinzugekommen ist 2022 der Nachbau eines Herzhäuschens, also eines Plumpsklos. Das steht zwar auf der ursprünglichen Grube, die aber mit Beton aufgefüllt wurde. Also nur anfassen und hinsetzen!

Über Albert-Oetker-Straße und Hochstraße sind Sie ruckzuck auf der eigentlichen Tour aus Willich heraus und wieder mitten in der typischen Niederrhein-Landschaft. Wenn Sie sich nach so viel Radelei durch Felder für die Geschichte der Landwirtschaft interessieren, kommt der **Tuppenhof** 7 im Kaarster Stadtteil Vorst genau richtig. Die über 300 Jahre alte Anlage - einige Bestandteile werden auf 1700 datiert - zählt zu den wenigen noch existierenden rheinischen Vierkanthöfen. Von 1996 bis 2004 wurde der Tuppenhof liebevoll instandgesetzt und zu einem Museum für bäuerliche Geschichte und Kultur ausgebaut. Außerdem finden hier regelmäßig Konzerte und andere Veranstaltungen statt. Was Sie auf gar keinen Fall versäumen sollten? Einen Besuch im Museumsladen im ehemaligen Pferdestall! Nehmen Sie für zu Hause unbedingt den Mispellikör und den hauseigenen Honig mit. Und vielleicht noch eine schöne Keramikreplik. Das alles müssen Sie auch gar nicht mehr lange transportieren, denn bis zur BraunsMühle sind es nur noch wenige Kilometer.
Noch ein Tipp, wenn Sie die Tour mit Kindern unternehmen möchten: Laden Sie sich Apps für Pflanzen- und Vogelbestimmung aufs Handy, um die doch recht langen Landschaftsabschnitte spannender und abwechslungsreicher zu gestalten.

INFO Vom 30. April bis 31. Oktober ist der Tuppenhof samstags von 14 bis 18 Uhr und sonntags von 11 bis 18 Uhr geöffnet.

Mit einer Picknickdecke im Gepäck lässt sich eine gemütliche Rast im Gras einlegen.

AN- UND ABREISE

Bahnhof Ratingen-Ost

Parkplätze am Straßenrand · Josef-Schappe-Straße · Ratingen-Ost

16

Ratingen

Ratingen und Umgebung machen ihrem Ruf als grünes Herz der Region alle Ehre: Die Wege dieser Route schlängeln sich überwiegend vorbei an Wiesen und Seen und durch schattige Wälder. Entsprechend sind auch mal die Wege – hier helfen ein gutes Balancegefühl und Reifen mit Profil.

35,4 km
2:34 Stunden bei 13,8 km/h
150 Meter **150 Meter**

Auf Seite 6 finden Sie einen Hinweis, wo Sie die GPS-Daten kostenlos herunterladen können.

Erlebnis	●●●○○
Familientauglich	●●●○○
Schwierigkeit	●●●○○
Schwierigkeit E-Bike	●○○○○

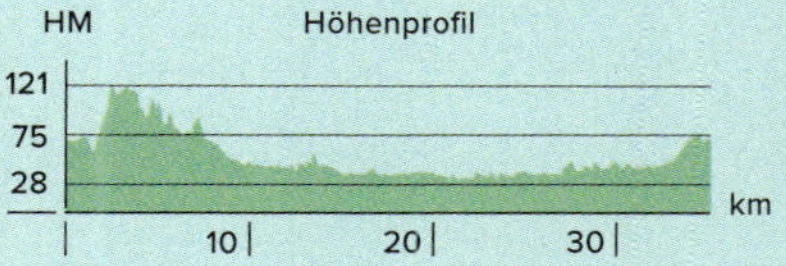

SEHENSWÜRDIGKEITEN
GEFÖRDERT VON DER NRW-STIFTUNG

1. Naturwaldzelle Hinkesforst
2. Schloss Kalkum
3. Kaiserpfalz · Burgallee · 40489 Düsseldorf
4. Dicker Turm · Turmstraße 8 · 40878 Ratingen
5. Dumeklemmer-Brunnen

SCHLAUCHAUTOMATEN

- 2-Rad Henning · Homberger Straße 19 · 40882 Ratingen
- Landhaus Freemann · Kalkumer Schlossallee 100 · 40489 Düsseldorf

Vom Start halten Sie sich nördlich durch Wohngebiete in Richtung Ratingen-Eggerscheidt, genießen den Blick auf das Freizeitgelände Blauer See mit seinen Steilwänden und der beeindruckenden Naturbühne und passieren das Naturschutzgebiet Baulofsbruch. Glauben Sie mir: Es ist gut, dass es sonst nichts groß zu sehen gibt. Denn diesen kleinen Abschnitt brauchen Sie, um in die Gänge zu kommen und sich warm zu strampeln: Sobald Sie an der Brücker Mühle ankommen, wartet die Herausforderung dieser Tour auf Sie – eine ordentliche Steigung mit bis zu 10 Prozent, bei der Sie auf knapp 1.000 Metern etwas über 50 Höhenmeter gewinnen. Doch keine Sorge, danach geht es bergab und flach weiter! Falls Sie eine Verschnaufpause brauchen, kehren Sie im **Landgasthaus Eggerscheidt** mit seinem herrlichen Biergarten ein. Das liegt zwar nicht direkt an der Strecke, ist aber gut zu finden, wenn Sie am Ortseingang auf dem Hölenderweg bleiben. Selbst wenn vielleicht gerade eher Kaffee- und Kuchenzeit ist, sollten Sie eine Portion Spareribs bestellen – die sind legendär lecker.

Ab hier geht es viele, viele Kilometer durch den Ratinger Wald. Etwas Vorsicht sollten Sie am Parkplatz „Am trockenen Stiefel" walten lassen, der bei schönem Wetter von Wanderern und Spaziergängern gut frequentiert ist. Übrigens: Der Name rührt wohl daher, dass man sich hier schon in vergangenen Zeiten trockenen Fußes bewegen konnte, während sich in der Umgebung

E-BIKE-LADESTATION
• Landhaus Freemann • Kalkumer Schlossallee 100 • 40489 Düsseldorf

INFO Dienstag und Mittwoch sind Ruhetage im Landgasthaus Eggerscheidt. Alle anderen Öffnungszeiten und die Speisekarte finden Sie unter www.landgasthaus-eggerscheidt.de.

Die NRWRadtour ist ein besonderes Gemeinschaftserlebnis.

geschwungene Bäche und das Quellgebiet des Hinkesforstgrabens mit wahren Farnlandschaften befinden. Hinüber in die Naturwaldzelle Hinkesforst überqueren Sie irgendwann eine Landstraße und Bahnschienen. An der Schranke müssen Sie manchmal etwas Geduld mitbringen - oder Sie drücken einen Rufhebel, der das Öffnen beschleunigen kann.

Jetzt durchradeln Sie die **Naturwaldzelle Hinkesforst** 1 und befinden sich bereits auf dem Stadtgebiet von Düsseldorf. Im Mittelalter diente diese Gegend nicht nur der Holzgewinnung, sondern auch der Schweinemast und der Wildpferdehaltung. Inzwischen dominieren Stieleichen und Hainbuchen das Erscheinungsbild, die im späten 19. Jahrhundert angepflanzt wurden. Heute wird der Hinkesforst nicht mehr forstlich bewirtschaftet, alles darf unter dem ausschließlichen Einfluss von Mutter Natur wachsen und gedeihen und dient der Naturwaldforschung.

Angerbach, Angermunder See, Reitställe, Pferdekoppeln, Felder, Rotwildgehege: Naturnah führt Sie die Strecke weiter bis Düsseldorf-Kalkum und an der Rückseite von **Schloss Kalkum** 2 vorbei. Weichen Sie einfach kurz ab und fahren an der Oberdorfstraße nach rechts, um den wunderschönen Schlosspark und die fast quadratische Anlage des Wasserschlosses in ihrer ganzen Pracht zu bestaunen. Besichtigen können Sie das Kalkumer Schloss leider nicht, es befindet sich inzwischen in Privatbesitz.

Bald darauf erreichen Sie Kaiserswerth. Verspüren Sie eventuell ein Hüngerchen? Direkt am Klemensplatz im Rheinbahn-Pavillon gibt es im **Berliner Imbiss** die beste Currywurst in Düsseldorf. Gegenüber genießen Sie auf einer großen Außenterrasse nicht nur den Blick auf das bunte Leben in Kaiserswerth, sondern süße Spezialitäten von **Café Schuster.** Kopfsteinpflaster führt Sie dann durch den historischen Ortskern mit schmucken Barockhäusern aus dem 17. und 18. Jahrhundert bis hinunter zur Rheinpromenade. Seien Sie beim Abbiegen kurz hinter dem Alten Zollhaus in Richtung Kaiserpfalz

SEHENSWERTES AM WEGESRAND Besuchen Sie die Rheinland-Alpakas, die zwischen Viehstraße und Gerichtsschreiberweg ihr Zuhause haben. Das Kennenlernen der Herde auf der Weide dauert etwa eine Stunde. Unter www.rheinland-alpakas.de können Sie Termine vereinbaren.

Ihren Namen verdankt die Anger der Landschaft, durch die sie fließt: Das altdeutsche Wort „Anger" bedeutet so viel wie „Wiese" oder „Grasland".

vorsichtig! Nicht nur bei Prachtwetter wimmelt es hier nur so von Radfahrern und Spaziergängern.

Wer durch die alten Mauern spaziert, kann den Atem der Geschichte bis heute spüren.

Die **Kaiserpfalz:** 3 Um 1184 errichtet, prägt die imposante Ruine noch heute das Kaiserswerther Stadtbild. Kaiser Friedrich Barbarossa ließ für dieses gigantische Bauwerk mit seinen bis zu viereinhalb Meter dicken Mauern extra graue Trachytquader vom Drachenfels im Siebengebirge per Schiff anliefern – über 50 Meter dieser ursprünglichen Bebauung sind noch erhalten. Zu seiner Zeit galt die Pfalz als uneinnehmbar. Dennoch wurde sie im Lauf der Jahrhunderte mehrfach erstürmt und wieder aufgebaut, weil der Rhein als „natürliches Bollwerk" umgeleitet wurde. Stark beschädigt von über 12.000 Kanonenschüssen während des spanischen Erbfolgekriegs, ließ der Düsseldorfer Kurfürst Jan Wellem die Kaiserpfalz 1702 letztlich sprengen. Danach diente sie ganze zwei Jahrhunderte als Steinbruch. Erst zu Beginn des 20. Jahrhunderts begannen Sicherungsarbeiten, die bis heute anhalten. Mittlerweile ist die denkmalgeschützte Anlage wieder für Besucher zugänglich – und wenn Sie die Treppenstufen auf sich nehmen, haben Sie vom höchsten Punkt einen fantastischen Blick über den Rhein.

GASTRO-TIPP Besonders schön können Sie diese Erkundungspause später im Biergarten der „Galerie Burghof" an einem der Tische oder auf der Mauer sitzend ausklingen lassen.

Der nächste Abschnitt bringt Sie über den Lohauser Deich mit Blick auf den Rhein durch Lohausen und an den Start- und Landebahnen des Düsseldorfer Flughafens vorbei. Durchaus möglich, dass mal ein Flugzeug so nah über Ihnen ist, dass Sie meinen, den Passagieren winken zu können. Die Geräuschkulisse ist entsprechend, es „duftet" nach Kerosin und Öl. Doch ziemlich schnell lassen Sie das Areal hinter sich und radeln – frische Luft atmend – durch den Kalkumer Forst, bevor Sie das Stadtgebiet von Ratingen erreichen und sich durch Wohn- und Gewerbegebiete der Innenstadt nähern. An der Turmstraße erhebt sich vor Ihnen der um 1460

erbaute **Dicke Turm,** 4 der mächtigste Wehrturm der alten Ratinger Stadtbefestigung. Seine Erhaltung ist eher einem Glücksfall zu verdanken: 1901 sollte der Turm abgerissen werden, wofür immerhin 43 Ratinger Bürger plädierten. Sie hatten aber die Rechnung ohne den damaligen Landrat und die Düsseldorfer Regierung gemacht, die sich dagegen erfolgreich wehrten - aus Gründen der Denkmalpflege, von der in den folgenden Jahrzehnten jedoch wenig zu spüren war. Anfang der 1980er-Jahre wurde der Turm zwar wieder auf seine ursprüngliche Höhe aufgemauert, sonst geschah bis auf wenige Ausbesserungen nicht viel. Erst 2006 entschlossen sich die Ratinger Jonges, wieder Leben in das alte Gemäuer zu bringen und es zu restaurieren.
Nur noch wenige Meter trennen Sie vom Ziel. Vielleicht haben Sie Lust, den Marktplatz mit der Kirche St. Peter und Paul und dem **Dumeklemmer-Brunnen** 5 zu erkunden? Letzterer zeigt drei Kinder mit plattem Daumen und erinnert an eine Legende: Angeblich haben die damals noch heidnischen Ratinger dem Heiligen Suitbertus, der ihnen das Christentum bringen wollte, im Stadttor den Daumen eingeklemmt. Das fand der gar nicht lustig - gipfelnd in dem Fluch, dass künftig alle Ratinger Kinder mit einem platten Daumen zur Welt kommen sollen. Zeitlich passt die Legende allerdings nicht, denn Suitbert lebte 500 Jahre vor dem Bau des Stadttors. In Wirklichkeit war Ratingen jahrhundertelang Sitz des Scharfrichters des Bergischen Landes, der gern mal Daumenschrauben (Dumeklemmer) anlegte.
Übrigens: Jedes Jahr im Juli findet das Dumeklemmer-Spektakel statt, bei dem neben einem mittelalterlichen Markt die Legende als Theaterstück aufgeführt wird. „Dumeklemmer" sind allerdings auch eine kulinarische Spezialität: Das sind etwa daumengroße, pikant gewürzte Mettwürstchen. Eine andere örtliche Spezialität wartet im **Brauhaus** an der Bahnstraße auf der gegenüberliegenden Straßenseite der Streckenführung auf Sie: Hier wird direkt vor Ort Ratinger Alt gebraut. Und natürlich getrunken. Auf Ihr Wohl!

Der um 1460 erbaute Dicke Turm ist ein Ratinger Wahrzeichen.

INFO Falls Sie den Dicken Turm besichtigen möchten, wenden Sie sich bitte an die Ratinger Jonges: Telefon 02102/470655 oder baas@ratinger-jonges.de.

Naturnah radeln Sie abseits viel befahrener Straßen.

AN- UND ABREISE

- Bahnhof Rheinberg
- Parkplatz am Bahnhof Rheinberg

SCHLAUCHAUTOMATEN

- Schmitz Handels GmbH · Bahnhofstraße 99 · 47495 Rheinberg
- E-Bike-Center Alpen · Kreuzstraße 10–12 · 46483 Wesel

E-BIKE-LADESTATIONEN

- Rathaus Rheinberg · Kirchplatz 10 · 47495 Rheinberg
- Rathaus Alpen · Rathausstraße 4–6 · 46519 Alpen
- Rathauspark Issum · Markt 5 · 47661 Issum

Rheinberg

Geht bei Ihnen bei „Komm doch mit auf den Underberg!" auch der innere Lautsprecher an und Sie pfeifen fröhlich die Melodie weiter? Diesen Werbeklassiker kennt wahrscheinlich jeder. Aber wussten Sie, dass dieser bekannte wie beliebte Kräuterschnaps in Rheinberg, dem Start dieser Tour, erfunden wurde?

41,0 km

2:38 Stunden bei 15,6 km/h

130 Meter **130 Meter**

Auf Seite 6 finden Sie einen Hinweis, wo Sie die GPS-Daten kostenlos herunterladen können.

Erlebnis	●●●○○
Familientauglich	●●●○○
Schwierigkeit	●●○○○
Schwierigkeit E-Bike	●○○○○

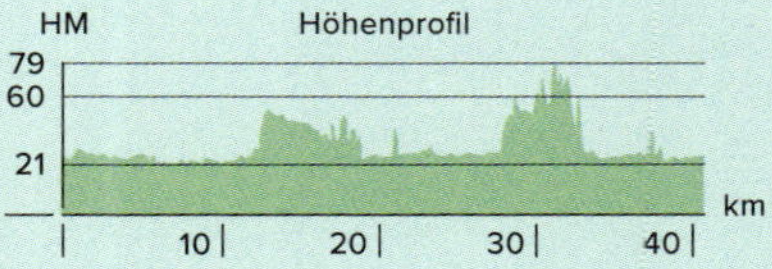

SEHENSWÜRDIGKEITEN

GEFÖRDERT VON DER NRW-STIFTUNG

1. Palais Underberg
2. Pulverturm
3. Schlosskapelle Rheinberg-Ossenberg · Schlossstraße 88 · 47495 Rheinberg
4. Herrlichkeitsmühle · Mühlenstraße 10 · 47661 Issum
5. Dorfsynagoge
6. Heimatmuseum „His-Törchen"
7. Fossa Eugeniana

Heute befinden sich in der ehemaligen Zoll- und Festungsstadt noch die Verwaltung mit dem Semperidem-Haus und dem historischen Stammhaus aus dem Jahr 1874. Auf das **Palais Underberg** 1 und das dahinterliegende Wahrzeichen, den **Underberg-Kräuterturm,** haben Sie vom Marktplatz aus einen fantastischen Blick. Überhaupt lohnt es sich, das historische Flair der Innenstadt ausgiebiger zu erleben, das vom Alten Rathaus, der St.-Peter-Kirche und Bürgerhäusern aus dem 16. und 17. Jahrhundert geprägt ist. Manchmal sind es aber auch kleinere Dinge, die besonders sehenswert sind. Beispielsweise der Küchenkamin im „Weißen Raben", dem ältesten Barockgebäude Rheinbergs. Oder die Pumpe am Fischmarkt. Innerhalb der Stadtmauer befindet sich der **Pulverturm,** 2 der früher direkt am Rhein lag und als Zollturm für die vorbeifahrenden Schiffe genutzt wurde. Er ist übrigens von außen und innen ein beliebtes Fotomotiv, denn aus der denkmalgeschützten, 7 Meter hohen Ruine wächst ein prächtiger Baum.

GASTRO-TIPP Ein spätes Frühstück, lecker gefüllte Kartoffeln und Salate genießen Sie am Markt im „Dein's Deli & More", das mittwochs bis sonntags von 8.30 bis 16.30 Uhr geöffnet ist.

Von innen wie außen ein beliebtes Fotomotiv: der ehemalige Pulverturm in Rheinberg.

Sie merken es schon: Sie sitzen kaum im Sattel und sind bereits voll im Entdeckermodus. Ein paar Pedalumdrehungen entlang des Alten Rheins kommen Sie im Rheinberger Ortsteil Ossenberg mit seinem gleichnamigen Schloss an. Der ursprüngliche Rittersitz wurde zwar schon 1176 erstmals urkundlich erwähnt, die heute sichtbaren Gebäude stammen aber überwiegend aus dem frühen 18. Jahrhundert. Das klassizistische Juwel liegt mitten im Grünen - mit dem Rhein in Sichtweite. Zu seinen Prunkstücken zählen der Rokokosaal und die wieder hergestellte Bibliothek. Auf eine wechselvolle Geschichte blickt auch die **Schlosskapelle** 3 zurück: Mehrfach in ihrer fast 1.000-jährigen Geschichte wurde sie zerstört und wieder aufgebaut. Zwischendurch blieb sie sogar fast 200 Jahre ungenutzt. Später hielten hier mal Katholiken, mal Protestanten und mal beide Konfessionen gemeinsam Gottesdienste ab, bis die Kapelle erneut dem Verfall preisgegeben wurde. Das änderte sich glücklicherweise 1994, als sich der Verein zur Erhaltung der Ossenberger Schlosskapelle gründete und das Kirchlein in neuem Glanz erstrahlen ließ.

Die Route spannt nun einen großen Bogen durch das niederrheinische Tiefland über Alpen nach Issum. Die Landschaft ist durch eine fast mosaikartige Struktur geprägt, die mit Ackerflächen, Weiden und Wäldern viel Abwechslung mit sich bringt. Es ist überwiegend flach, grün und einfach naturschön. Die Wege sind zum großen Teil asphaltiert, kleine Passagen mit losem Untergrund lassen sich problemlos bewältigen. Und schneller, als es Ihnen vielleicht lieb ist, liegen bereits 23 Kilometer der Tour hinter Ihnen. Da kommt eine Auszeit in Issum sicher recht, denn die gerade mal knapp 12.000 Einwohner starke Gemeinde hat einiges zu bieten. Beispielsweise die 1768 erbaute **Herrlichkeitsmühle,** 4 eine mit Holzschindeln gedeckte Durchfahrholländermühle aus Eichenholz. Den Namen verdankt sie einem früheren kommunalrechtlichen Begriff: „Herrlichkeit" deutet auf ein selbstständiges Gebiet im Besitz eines Freiherren hin. Die Einwohner der Herrlichkeit Issum mussten ihr Getreide in der Mühle mahlen lassen, sie war also eine sogenannte Zwangsmühle. Bereits 1931 erhielt die Herrlichkeitsmühle den Denkmalstatus, ihre Flügel drehten sich aber noch bis 1955. Danach fristete sie ein trauriges Dasein, bis sich Mühlenfreunde zu einem Förderverein zusammenschlossen und das Bauwerk liebevoll restaurierten und sanierten.

INFO Immer am Pfingstmontag, dem Deutschen Mühlentag, feiert der Förderverein mit Besuchern seinen Familientag. Führungen können Sie darüber hinaus über die Tourist-Info vereinbaren: 02835/1024.

Die Landschaft ist durch eine mosaikartige Struktur geprägt, die mit Ackerflächen, Weiden und Wäldern viel Abwechslung mit sich bringt.

Sehenswert ist außerdem die einzige erhaltene ehemalige **Dorfsynagoge** 5 am unteren Niederrhein, die sich seit 1987 im Besitz der Gemeinde befindet. Der Synagogenraum wurde als Gedenkstätte hergerichtet, erhalten sind auch die Mikwe - das Reinigungsbad - und das Schulhaus, in dem Sie sich eine Dokumentation zur Geschichte der Juden in der Umgebung anschauen können.

Nicht weit davon entfernt residiert das **Heimatmuseum „His-Törchen"** 6 im zweigeschossigen Torbau der ehemaligen Wasserburg. Hier sorgen wechselnde Ausstellungen heimischer Künstler dafür, dass jeder Besuch ein interessantes Erlebnis wird. Haben Sie Lust auf ein kühles Altbier? In einer der zahlreichen Gaststätten wird Ihr Durst garantiert gestillt - höchstwahrscheinlich mit einem Diebels, das in Issum produziert wird und 2021 beim „World Beer Award" zum weltweit besten Altbier gekürt wurde (idealerweise ignorieren Düsseldorfer die letzte Aussage). Eine schöne Adresse ist auf jeden Fall der **Gasthof „Zur Post"** mit seinem Biergarten „Old Granny's Saloon". Passend zum Bier kommt am besten Deftiges vom Lavasteingrill auf den Pausentisch.

INFO Unter www.post-issum.de finden Sie zum Appetitholen die Speisekarte und natürlich auch die aktuellen Öffnungszeiten.

Zurück im Sattel wird es direkt wieder ländlich. Parallel zum Bachbett der Fleuth passieren Sie den Golfclub Issum, dessen 18 Bahnen sich rechts und links vom Weg befinden. Ein kleiner Tipp: Hören Sie den lauten Ruf „Fore!", was so viel wie „Vorsicht da vorn!" heißt, ziehen Sie besser den Kopf ein. Dann nimmt nämlich ein Golfball nicht seine geplante Flugbahn und Sie laufen Gefahr, getroffen zu werden. Eine Links-rechts-Kombination zwischen Brau- und Hochwalder Straße führt Sie zum Parkplatz Leucht. Haben Sie bisher alle Einkehrmöglichkeiten ausgelassen, radeln Sie hier unbedingt geradeaus auf den Baerlagweg und biegen bei nächster Gelegenheit rechts zum **Café-Restaurant „Baerlaghof"** ab. Egal, ob Sie sich für frisch gebackenen Kuchen oder regionale warme Gerichte entscheiden: Der prächtige Biergarten unter hohen Bäumen ist ein wahres Erholungs- und Genussparadies.

So schwer es auch fallen mag: Irgendwann müssen Sie leider wieder aufbrechen. Die folgenden 5 Kilometer bestimmt die Leucht, ein Wald mit riesigen, uralten Eichen und Buchen und dem kleinen Torfmoor „Saures Venn", das Landschaftsbild. Einfach herrlich, um ordentlich Sauerstoff zu tanken! Hier müssen Sie allerdings kurzzeitig etwas kräftiger strampeln, denn es geht tatsächlich mal bergauf - für etwa 100 Meter sogar mit 8 Prozent. Jetzt sind Sie längst schon auf Heimatkurs und rollen ohne weitere große Anstrengung entlang der Rheinberger Ley durch Natur sowie Wohn- und Gewerbegebiete auf den Ausgangspunkt dieser Tour zu. Fühlen Sie sich noch fit für einen kleinen Spaziergang? In Ihrer unmittelbaren Nähe befindet sich ein Teil der **Fossa Eugeniana,** 7 eines ab 1626 von den Spaniern erbauten, aber nie fertiggestellten Kanals, der Rhein, Maas und Schelde miteinander verbinden sollte. Heute gehören das Kanalbett und die Rheinberger Schleuse zu einem idyllisch gelegenen Wanderweg.

INFO Saisonal ist nicht nur die Speisekarte, auch die Öffnungszeiten variieren durch die Jahreszeiten. Schauen Sie am besten unter www.baerlaghof.de nach, wann beispielsweise Ruhetage sind.

Ein erholsamer Abschluss der Tour ist ein kleiner Spaziergang an der Fossa Eugeniana.

BESONDERES FÖRDERPROJEKT DER NRW-STIFTUNG

Natur am Niederrhein: Kuhlen und Sumpfwälder - Naturschätze im Verborgenen

Im Dreieck zwischen Geldern, Kapellen und Issum liegt das Naturschutzgebiet Fleuthkuhlen, eingebettet in die typische, abwechslungsreiche Landschaft der Niersaue. Naturliebhaber können das Niedermoor auf markierten Wegen zu Fuß oder mit dem Fahrrad erkunden. Mögliche Startpunkte und Parkplätze gibt es auf dem Marktplatz in Kapellen, in Geldern am Krankenhaus, an der Kirche in Aengenesch und am Schloss Haag. In den Fleuthkuhlen hat die NRW-Stiftung seit den 1990er-Jahren zahlreiche Flächen erworben. Betreut wird das Gebiet vom Team des Naturschutzzentrums Gelderland.

INFO Um das Gebiet mit dem Fahrrad zu erkunden, starten Sie am besten in Geldern, Issum oder Kapellen. Weitere Informationen und Routenvorschläge finden Sie unter www.nabu-kleve.de/projekte/fleuthkuhlen.

AN- UND ABREISE
Bahnhof Rheine
DB BahnPark Parkplatz · Vorplatz (Am Hauptbahnhof)
START
Rheine
Eschendorf
Rheine-Gellendorf
Hörstel
Bevergern
Bevergerner Aa
Torfmoorsee
Surenburgstraße
Schierloh
Dortmund-Ems-Kanal
Dörenthe
Feuchtgebiet Saerbeck
Saerbeck
Lindenstraße
Riesenbecker Str.
Haverforths Wiesen
Lager Damm
Karlsburg
Schuldamm
Sinniger Str.
Riesenbecker Str.
Hansestraße
Elte
Ems
Emsdetten
Borghorster Str.
Mesum
Mesumer Str.
Burgsteinfurter Damm
Emsdettener Venn
Borghorster Venn
Frischhofsbach
St. Arnold
Catenhorner Str.
Bonifatiusstraße
Salzbergener Str.
Randelbach
Rheiner Str.
Neuenkirchen
Neuenkirchener Damm
30
219
475
481
70

18

Rheine

Von Rheine, der größten Stadt im nördlichen Münsterland, ins „Heidedorf" Saerbeck und wieder zurück: Am Ende dieser überwiegend flachen Tour haben Sie fast 56 Kilometer unter die Räder genommen. Starten Sie am besten früh, dann haben Sie ausreichend Gelegenheit für Entdeckungs- und Genusspausen.

56,5 km

3:39 Stunden bei 15,5 km/h

200 Meter ↗ **200 Meter** ↘

Auf Seite 6 finden Sie einen Hinweis, wo Sie die GPS-Daten kostenlos herunterladen können.

Erlebnis	●●●◐○
Familientauglich	●●○○○
Schwierigkeit	●●●○○
Schwierigkeit E-Bike	●○○○○

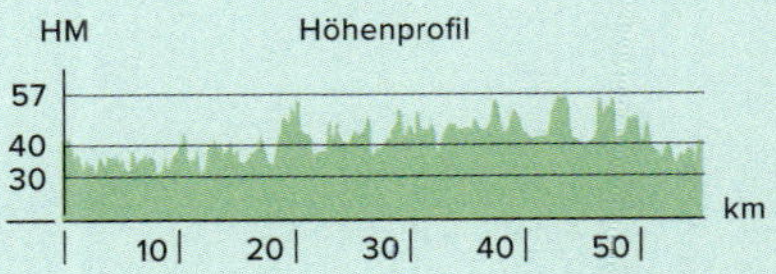

SEHENSWÜRDIGKEITEN

GEFÖRDERT VON DER NRW-STIFTUNG

1. Park „Alter Friedhof"
2. NaturZoo Rheine
3. Saline Gottesgabe · Salinenstraße 105 · 48432 Rheine
4. Kreuzherrenkloster Bentlage · Bentlager Weg 130 · 48432 Rheine
5. Bockholter Emsfähre
6. Sinninger Mühle · Sinningen 60a · 48369 Saerbeck
7. Waldsee
8. Kornbrennerei-Museum · Grevener Straße 8 · 48369 Saerbeck

Vom Start am Bahnhof wenden Sie sich gen Norden, radeln ein wenig durch den Stadtkern und am ruhigen, fast geheimnisvollen **Park „Alter Friedhof"** 1 vorbei. Bei etwas Muße schieben Sie Ihr Rad ruhig ein wenig durch die Wege, an denen 166 kunstvoll gestaltete Einzeldenkmale stehen, in denen Textilfabrikanten und andere Persönlichkeiten aus der Vergangenheit von Rheine ruhen. Kurz vor dem Bentlager Wald am Rand einer großen Wiese forcert Sie das Kunstwerk **Two Green Windows,** 2001 von Vittorio Messina im Rahmen der „Skulptur-Biennale Münsterland" errichtet, zu einem konzentrierteren Blick auf: Wie durch riesengroße Fenster erhält die Landschaft einen Rahmen und verschmilzt mit der geradlinigen Architektur zu einem Bild.

Rechter Hand folgt bald darauf der **NaturZoo Rheine.** 2 In der grünen Landschaft leben über 1.000 Tiere aus rund 100 Arten – und vielen von ihnen kommen Sie in begehbaren Gehegen besonders nah, im Affenwald beispielsweise den Berberaffen. Lippenbären teilen sich ihr Zuhause mit Goldschakalen, Pinguine watscheln Ihnen in der Seevogel-Voliere über den Weg. Ganz frei leben die Weißstörche, die hier mit rund 100 Brutpaaren in der Saison die größte Kolonie in Nordrhein-Westfalen bilden. Zugegeben: Ein Zoobesuch lässt Ihr Zeitpolster extrem schrumpfen, aber vielleicht behalten Sie dieses besondere Erlebnis für einen nochmaligen Rheine-Ausflug im Hinterkopf. ☺

INFO Führungen, Fütterungen, Tierpatenschaften, Tierpfleger für einen Tag – das Angebot des NaturZoos ist riesig. Schauen Sie direkt mal, was Sie noch entdecken: www.naturzoo.de.

Jetzt kommen Sie erst mal im **Salinenpark** an, der im Rahmen der „Regionale 2004" neu gestaltet wurde. Inmitten großzügiger Grünflächen und alter Bäume stehen die Gebäude der historischen **Saline Gottesgabe,** 3 die auf fast 1.000 Jahre Salzgewinnung zurückblickt und heute zu den ältesten technischen Kulturdenkmälern Westfalens gehört. Das hier gewonnene „weiße Gold" war jahrhundertelang ein begehrtes Handelsgut: Auf der Salzstraße wurde es zum Salzhof in die Bischofsstadt Münster transportiert und dort

SCHLAUCHAUTOMAT
• Zweirad Center Schröder • Staelskottenweg 75–77 • 48431 Rheine

E-BIKE-LADESTATION
• Volksbank Saerbeck • Lindenstraße 2 • 48369 Saerbeck

Das Kreuzherrenkloster Bentlage ist ein Kunst- und Kulturdenkmal ersten Ranges.

weitergehandelt. Noch bis 1952 wurde in der Saline Salz für den Kurbetrieb produziert. Neben der Außenanlage kann die 2017 neu eröffnete Schausiedepfanne jederzeit besichtigt werden. Lediglich das Salzsiedehaus ist nur bei einer Führung zugänglich. Und sonst gönnen Sie sich einfach eine entspannende Auszeit: Legen Sie sich ein paar Minuten in das Gras am Gradierwerk, lauschen Sie dem Plätschern der Sole und atmen tief die Salzluft ein.
Durch den Bentlager Wald kommen Sie schließlich an einem Kunst- und Kulturdenkmal ersten Ranges an: dem ehemaligen **Kreuzherrenkloster Bentlage.** 4 1437 gegründet, wurde es in den folgenden Jahrhunderten immer wieder erweitert. Im Zuge der Säkularisierung ging es 1803 erst in den Besitz des Landesfürstentums Rheine-Wolbeck über, drei Jahre später an die Adelsfamilie Looz-Corswarem, die das Kloster in ein Schloss umbaute. Seit Ende der 1980er-Jahre ist das Anwesen Eigentum der Stadt Rheine, die es zu einer kulturellen Begegnungsstätte und einem Klostermuseum ausbaute. Glanzstücke der Ausstellung sind zwei prächtige spätmittelalterliche Reliquienschreine. Nach einem Rundgang durch das beeindruckende Areal genießen Sie im **Klostercafé** feines hausgemachtes Gebäck und erlesene Kaffee- und Teespezialitäten.
Wie in einer Acht durchradeln Sie erneut die Innenstadt von Rheine, um dann in großen Bögen der Ems zu folgen. Schon die Römer haben den kleinsten Strom

2017 wurde die Schausiedepfanne in der Saline eröffnet.

TIPP Nehmen Sie für die heimische Küche unbedingt ein Säckchen des hier gewonnenen naturbelassenen und vom Geschmack milden Salzes mit.

INFO Das Klostercafé ist samstags und sonntags ab 12 Uhr geöffnet.

Das Flüsschen Ems steht heute in großen Teilen unter Naturschutz und mäandert durch seine idyllischen Auen.

Deutschlands mit ihrer Flotte genutzt und Karl der Große fuhr auf ihr bis zur Mündung bei Emden, um sein Reich zu kontrollieren. Im 19. Jahrhundert war die Ems besonders für die Entwicklung der Baumwollindustrie in Rheine von großer Bedeutung. Heute steht sie in großen Teilen unter Naturschutz und mäandert durch ihre idyllischen Auen. Direkt an der Ems liegt wenig später die **Bockholter Emsfähre:** 5 Bei einem kühlen Getränk im gleichnamigen **Restaurant** mit Biergarten können Sie dem Fährmann beim beschaulichen Übersetzen zuschauen. Mehr Entspannung geht fast nicht!

Knapp 6 Kilometer weiter kommen Sie in Saerbeck-Sinningen an und sehen schon von Weitem das prägnante Wahrzeichen, das zum Hof Eilers gehört: die **Sinninger Mühle.** 6 Sie ist im Wallholländer-Stil erbaut – der Rumpf ist starr und nur die Kappe mit den Flügeln wird in den Wind gedreht – und ist eine von drei erhaltenen dieser Art im Kreis Steinfurt. Ihren Dienst hat sie von 1866/1867 bis 1983 verrichtet – früher mit Windkraft, später mit Motor- und Elektroantrieb. Nachdem sie 1996 in die Denkmalliste der Gemeinde Saerbeck aufgenommen wurde, erfuhr die Mühle eine grundlegende Restaurierung. Leider ist die Antriebstechnik aber nicht mehr vollständig erhalten, nur die Flügelwelle mit dem Kammrad funktioniert noch, sodass sich die Flügel gelegentlich im Wind drehen. Im unteren Bereich befindet sich heute ein modernes Feuerwehrgerätehaus, in den

INFO Für die Innenbesichtigung und eine Führung müssen Sie sich im Vorfeld anmelden, Ansprechpartner ist der Förderkreis Sinninger Mühle: 02572/952110.

Obergeschossen informiert eine Dokumentation über die Geschichte der Saerbecker Wind- und Wassermühlen.
Wälder, Wiesen, Weiden und Felder als typisches Bild der Münsterländer Parklandschaft, die Emsaue und die Heide im Naturschutzgebiet Bertlings Haar umgeben den kleinen Ort Saerbeck. Zu jeder Jahreszeit schön ist der **Waldsee** 7 ganz nah am Ort: Im Frühling erfreut das frisch sprießende Grün das Auge, im Sommer verlockt das Naturfreibad mit Sandstrand zu einem Sprung ins kühle Nass und im Herbst kommt mit dem bunten Farbenspiel der Blätter ein Gefühl von Indian Summer auf. Im Ortskern führt Sie ein kleiner Abstecher zum **Kornbrennerei-Museum.** 8 Die ehemalige Brennerei wurde 1812 von Ferdinand Kaspar Dalmöller gegründet und bis 1976 als Nebengewerbe des bäuerlichen Familienbetriebs geführt. Als einzige von ehemals drei Saerbecker Kornbrennereien ist sie vollständig erhalten und gewährt Einblicke in die Herstellung des traditionellen Münsterländer Doppelkorns.
Bevor Sie sich auf den Rückweg begeben und auf zahlreichen Pättkes durch die Münsterländer Parklandschaft radeln, stärken Sie sich am besten noch in einem der Lokale in Saerbecks Ortskern - von Bäckerei über Eiscafé bis zu Pizza und regionaler Küche ist das Angebot groß. Oder Sie stoppen etwas weiter nördlich an der **Saerbecker Milchtankstelle** und zapfen sich frische Milch von glücklichen Kühen. Und der Automat daneben bietet einiges aus der Region, um Ihren Proviantkorb aufzufüllen.
Über viele Kilometer schnurgerade durch das nun schon gewohnte Landschaftsbild fahren Sie Richtung Rheine. Felder wechseln sich mit Weiden ab, hier und dort ziehen Gestüte Ihre Aufmerksamkeit auf sich. Einfach gleichmäßig kurbeln, tief durchatmen, nach rechts und links schauen, Natur und Ruhe in sich aufsaugen: Dafür ist dieser Abschnitt wirklich ideal. Ob Sie sich in Rheine direkt zum Bahnhof und damit auf die Heimreise begeben oder noch mal in den Trubel der Stadt abtauchen: Das ist ganz Ihnen überlassen.

SEHENSWERTES AM WEGESRAND Kurz vor Saerbeck fällt Ihnen garantiert eine Selbstbedienungsstation der besonderen Art ins Auge: das „WunderStübchen“. Täglich sind von 9 bis 19 Uhr die beiden Holzladen des Häuschens geöffnet. Zu kaufen gibt es nicht etwa Honig und Eier, sondern liebevoll gestaltete Deko-Artikel.

INFO Das Kornbrennerei-Museum ist sonntags von 10.30 bis 12.30 Uhr geöffnet. Alternativ können Sie über die Website des Heimatvereins eine Führung vereinbaren: www.heimatverein-saerbeck.de.

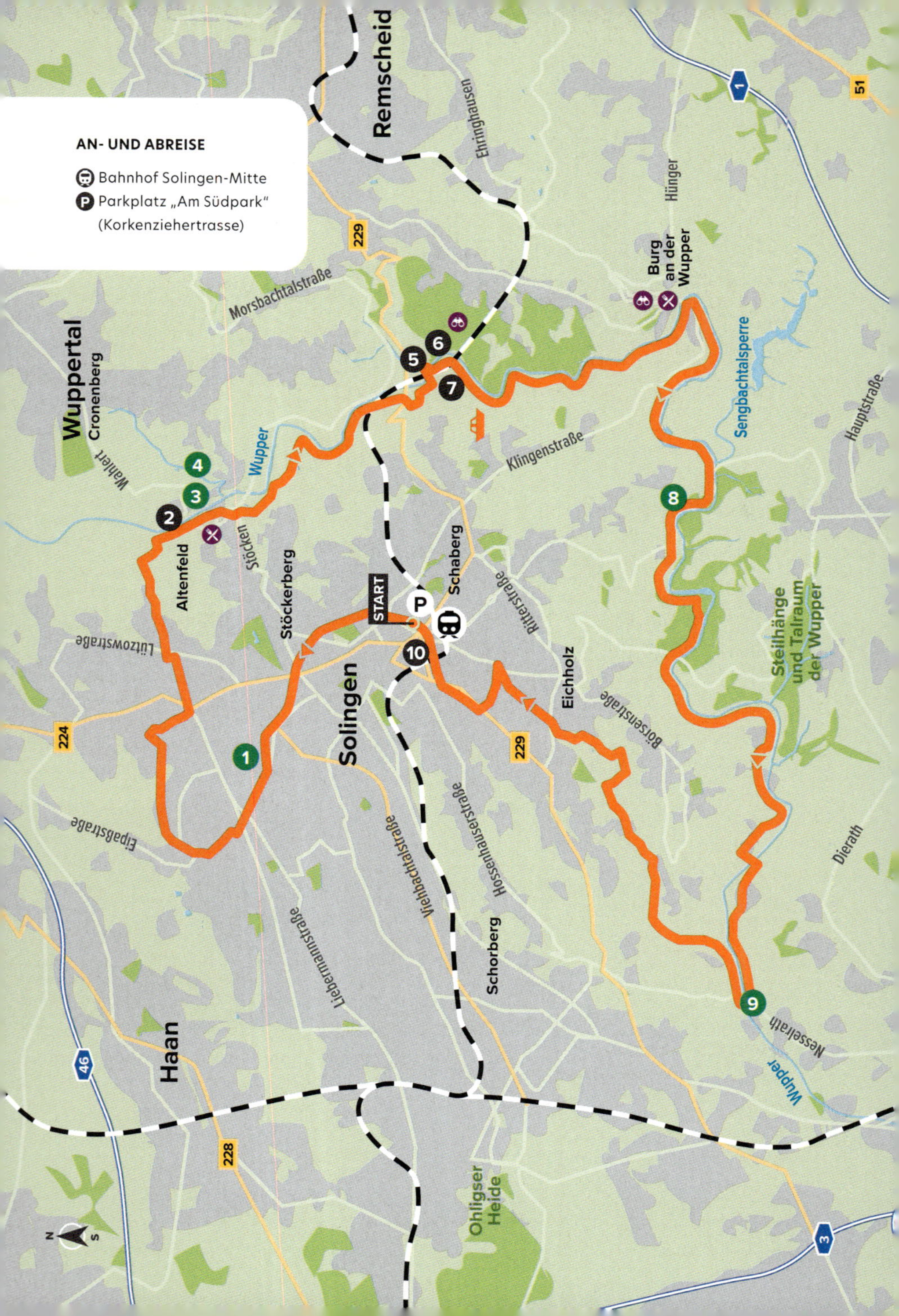

AN- UND ABREISE
Bahnhof Solingen-Mitte
Parkplatz „Am Südpark“
(Korkenziehertrasse)
Remscheid
Ehringhausen
Hünger
Burg an der Wupper
Sengbachtalsperre
Hauptstraße
Wuppertal
Cronenberg
Wahlert
Wupper
Morsbachtalstraße
Klingenstraße
Altenfeld
Stöcken
Stöckerberg
Schaberg
Ritterstraße
START
P
Lützowstraße
Solingen
Eichholz
Börsenstraße
Steilhänge und Talraum der Wupper
Eipaßstraße
Liebermannstraße
Viehbachtalstraße
Hossenhauserstraße
Schorberg
Dierath
Nesselrath
Wupper
Haan
Ohligser Heide
1
2
3
4
5
6
7
8
9
10
229
224
228
46
51
1
3
N
S

19

Solingen

Radfahren in Solingen: Da denken die meisten sofort an ein permanentes Bergauf und Bergab – das stimmt bei dieser Tour auch. Angesichts von 520 Höhenmetern, die es zu bewältigen gilt, ist deshalb eine richtig gute Kondition oder ein E-Bike als Gefährt gefragt.

40,5 km **Fähre**

2:57 Stunden bei 13,7 km/h

520 Meter **520 Meter**

Auf Seite 6 finden Sie einen Hinweis, wo Sie die GPS-Daten kostenlos herunterladen können.

Erlebnis	●●●○○
Familientauglich	●○○○○
Schwierigkeit	●●●●●
Schwierigkeit E-Bike	●●●○○

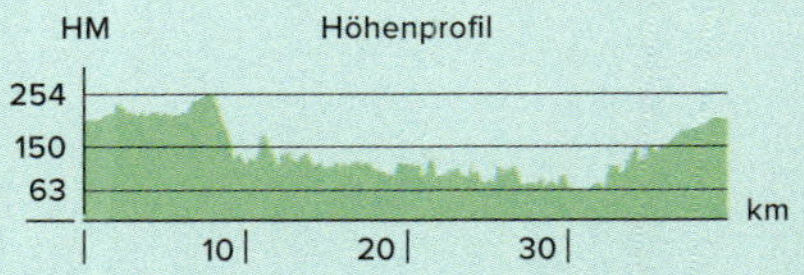

SEHENSWÜRDIGKEITEN

GEFÖRDERT VON DER NRW-STIFTUNG

1. Botanischer Garten · Vogelsang 2a · 42653 Solingen
2. Kohlfurther Brücke
3. Bergische Museumsbahn · Kohlfurther Brücke 57 · 42349 Wuppertal
4. Manuelskotten · Kaltenbacher Kotten 1 · 42349 Wuppertal
5. Napoleonsbrücke
6. Diederichstempel
7. Müngstener Brücke
8. Schleiferei Balkhauser Kotten · Balkhauser Kotten 2 · 42659 Solingen
9. Schleiferei Wipperkotten · Wipperkotten 2 · 42699 Solingen
10. Museum „Plagiarius“

SCHLAUCHAUTOMAT
• Parkplatz • Emscher Straße 5 •
42697 Solingen

E-BIKE-LADESTATION
• Kohlfurther Brücke •
42349 Wuppertal

INFO Für Kaffee und Kuchen öffnet im Botanischen Garten von Ostersonntag bis Ende Oktober an jedem Sonn- und Feiertag von 14 bis 18 Uhr ein Gartenkiosk. www.botanischer-garten-solingen.de

Nicht nur die vielen Anstiege und Abfahrten bringen reichlich Abwechslung in die Strecke, denn das Stadtgebiet der Klingenstadt und die Umgebung stecken voller landschaftlicher Reize und lebendiger Traditionen. Die ersten Kilometer sind Sie aber nahezu steigungsfrei und vor allem verkehrsarm unterwegs: Auf der Korkenziehertrasse – der Name spielt wegen des S-förmigen Verlaufs auf das Gewinde eines Korkenziehers an – radeln Sie gen Norden. Der Weg ist von Bäumen und Büschen gesäumt, immer wieder öffnen sich spannende Blicke auf die Stadt und die Landschaft.

Nach etwas mehr als 3 Kilometern lädt Sie der **Botanische Garten** 1 zum Wandeln und Verweilen ein. 20 Themenbereiche sind in die leicht hügelige Landschaft eingebettet – vom Alpinum über einen Rosen- und Heilpflanzengarten sowie eine Orangerie bis zu einem Wildbienenlehrpfad, der in seiner Form in NRW einmalig ist. Verstreut finden sich viele Skulpturen, die an Tiere und die Natur erinnern.

Danach geht es noch ein ganzes Stück auf der Korkenziehertrasse weiter, bis Sie an der Dahler Straße scharf nach rechts abbiegen. Den ersten Anstieg spüren Sie vielleicht noch gar nicht richtig in den Beinen, dafür aber garantiert die folgenden gut 2 Kilometer mit bis zu 11 Prozent Neigung in den Händen. Denn bitte bremsen Sie Ihr Tempo zwischendurch immer ein wenig herunter! Spätestens, wenn Sie an der Kreuzung von Ketzberger Straße und Lützowstraße eine recht schnelle Links-rechts-Kombination absolvieren müssen, kann es sonst heikel werden.

Nachdem Sie die L 74 unterquert haben, ist die Wupper über viele, viele Kilometer Ihre Begleiterin. Sehen Sie vor sich eine Fachwerkträgerbrücke aus Stahl, fahren Sie hinüber: Die restaurierte **Kohlfurther Brücke** 2 verbindet Solingen mit dem Wuppertaler Stadtteil Cronenberg und war bis 1969 Teil der Straßenbahnlinie zwischen Wuppertal-Elberfeld und Solingen. Genau hier können Sie mit der **Bergischen Museumsbahn** 3 Fahrspaß auf historischen Straßenbahnen - alle sind mindestens 60 Jahre alt - erleben. Jeden zweiten und vierten Sonntag von April bis Oktober kurbelt der Fahrer seine Bahn durch das romantische Kaltenbachtal bis nach Cronenberg und der Schaffner verkauft im Waggon stilecht die Tickets. In der Wagenhalle werden darüber hinaus zahlreiche Exponate und Trams, die noch auf ihre Aufarbeitung warten, gezeigt.

An der Strecke der Museumsbahn befindet sich auch der historische **Manuelskotten,** 4 der an den Fahrtagen besichtigt werden kann. Wasserrad, Dampfmaschine, Dieselmotor, Generator und Elektromotor: Durch die verschiedenen Antriebsarten, die unter seinem Dach versammelt sind, ist er einmalig in der gesamten Region. Historische Bilder und Objekte, die im Obergeschoss ausgestellt sind, gewähren spannende Einblicke in die Geschichte des Kottens und des Nassschleifens und berichten über die Menschen hinter den Schleifsteinen. Übrigens werden hier auch heute noch gewerblich Messer und Scheren geschliffen und geschärft.

Jetzt ist es aber wirklich höchste Zeit für eine ausgiebige Rast, finden Sie nicht auch? Zurück auf der Route genießen Sie im Biergarten vom **Café Hubraum** sommerliches Strandflair. Ein kühles Getränk in der Hand, die Füße im Sand vergraben, das Gesicht in der Sonne: Herz, was willst du mehr!?! Vielleicht noch eine Stärkung für die nächsten Etappen? Auch dafür ist natürlich bestens

SEHENSWERTES AM WEGESRAND Lieben Sie Gummibärchen und Co.? Bleiben Sie auf der Lützowstraße und biegen Sie gleich darauf in die Tersteegenstraße ab. Dort sehen Sie dann schon das Süßparadies, den Fabrikverkauf von HARIBO. Geöffnet ist er montags bis samstags von 9 bis 18 Uhr.

INFO Haben Sie Interesse an einer Sonderführung im Manuelskotten? Vereinbaren Sie telefonisch einen Termin: 0202/5141760. Der Eintritt ist frei, eine Spende aber gern gesehen.

gesorgt. Danach geht's weiter entlang der Wupper – erst mal bis zur **Napoleonsbrücke,** 5 von der Sie einen grandiosen Blick auf den **Diederichstempel** 6 auf seiner Anhöhe über der Wupper haben. Den neugotischen, siebeneckigen Tempel ließ 1901 der wohlhabende Remscheider August Diederich errichten; er verfügte gleichzeitig, dass der Aussichtspunkt rund um die Uhr für jeden zugänglich sein soll. Über den Müngstener Brückenweg nähern Sie sich peu a peu der **Müngstener Brücke,** 7 der höchsten Eisenbahnbrücke Deutschlands. Unter diesem beeindruckenden Bauwerk erstreckt sich der Brückenpark mit Minigolfanlage, Liegewiesen sowie fuß- und gravitationsbetriebenen Rätselplattformen, von denen leider nicht mehr alle funktionieren. Übrigens ist die Wupper an der Stelle gerade mal kniehoch und bietet mit großen Steinen ideale Sitzmöglichkeiten, um die Füße ins kühle Nass zu halten. Am südlichen Ende des Parks können Sie mit Ihrem Rad den Fluss auf einer **Schwebefähre** überqueren – wie schnell das gelingt, kommt jedoch ganz auf Ihre Muskelkraft und die Unterstützung Ihrer Mitfahrer an.

INFO Die Fährzeiten sind im Sommer von 10 bis 18 Uhr, im Winter von 11 bis 17 Uhr. Bei Sturm und Hochwasser ist die Fähre außer Betrieb. Dann bleiben Sie bis zur Wanderbrücke am Wiesenkottener Weg auf dem Müngstener Brückenweg.

Kurz darauf erreichen Sie Solingen-Burg. Oder besser gesagt: Unterburg. Wollen Sie nach Oberburg und zum dort gelegenen Schloss, schwingen Sie sich in die älteste Doppelsesselbahn Deutschlands. Die Kulisse, die sich Ihnen auf und von dem Berg bietet, ist wirklich atemberaubend! Einkehren können Sie natürlich auch, beispielsweise im **Waffelhaus,** wo Ihnen die Speisekarte die Wahl zwischen über 100 Varianten von süß bis deftig lässt. Danach gleiten Sie mit der Sesselbahn wieder ins Tal und schwingen sich aufs Rad. Die

Wupper mäandert durch die Landschaft - und Sie folgen ihr. Zunächst bis zur **Schleiferei Balkhauser Kotten.** 8 Draußen ist gut zu sehen, wie der Antrieb mit Wasser funktioniert: Ein Wehr staut den Fluss und leitet Wasser zum Wasserrad, das sich zu seinen besten Zeiten 18 Mal in der Minute gedreht und damit eine Leistung von rund 30 PS erzeugt hat. Im Inneren erhalten Sie Informationen über die Geschichte und den Alltag in einem Schleifkotten. Ein vergleichbares Bild zeichnet die **Schleiferei Wipperkotten,** 9 an der Sie kurz darauf an der Wupper-Einmündung des Weinsberger Bachs vorbeikommen: Die letzten Solinger Schleifer arbeiten ebenfalls noch mit Wasserkraft - die Antriebsachsen und Transmissionsräder der Anlage befinden sich im Erdgeschoss des Kottens. Außerdem finden Sie hier eine Dokumentation zur Geschichte dieser Schleiferei und des traditionellen Berufs.

Noch 7,5 Kilometer bis zum Ziel - und die geht es kontinuierlich bergauf. Der forderndste Teil mit bis zu 11 Prozent Steigung macht glücklicherweise den Anfang. Danach wird es zumindest etwas leichter und irgendwann kurbelt man ohnehin schicksalsergeben und unermüdlich vor sich hin. Einen Stopp möchte ich Ihnen noch empfehlen: Im Solinger Südpark hat das **Museum „Plagiarius"** 10 seinen Sitz, das jährlich den gleichnamigen Negativpreis verleiht, und präsentiert in einer Dauerausstellung mehr als 350 Originalprodukte und ihre dreisten Plagiate - kleine und große Dinge, Designobjekte, Küchenutensilien, Komponenten für Industriemaschinen: Unglaublicher- und erschreckenderweise gibt es tatsächlich nichts, was nicht kopiert wird.

40,5 Kilometer, 520 Höhenmeter: Geschafft! Sie können echt stolz sein, klopfen Sie sich also ruhig selbst kräftig auf die Schulter!

Idyllisch an der Einmündung des Weinsberger Bachs in die Wupper liegt die Schleiferei Wipperkotten.

INFO Das Museum ist freitags von 9.30 bis 13 Uhr sowie von 13.30 bis 17 Uhr und an den Wochenenden von 13 bis 17 Uhr geöffnet. Erwachsene zahlen 4 Euro Eintritt.

AN- UND ABREISE
Bahnhof Steinfurt-Burgsteinfurt
Parkplatz am Bahnhof Steinfurt-Burgsteinfurt (Bahnhofstraße)
START
Steinfurt
Steinfurter Aa
Wettinger Str.
Mesumer Damm
Bockersbaum
Tecklenburger Str.
Borghorster Venn
Wiesen am Max-Clemens-Kanal
Steinfurter Bagno
Bagnosee
Am Bagno-Buchenberg
Leerer Str.
Herswiesengraben
Leerbach
Borghorst
Nordwalder Str.
Oranienring
Gantenstraße
Suttdorf
Edelersbach
Flothgraben
Veltrup
Alstbach
Nordwalde
Horstmar
Feldstraße
Altenberger Str.
Ewaldibach
Bahnhofstraße
Altenburg
Horstmarer Str.
Steinfurter Str.
Borghorster Str.
Wipperbach
Laer
Laerstraße
Darfelder Str.
Wennings Welle
Altenberge
Welzen
Beerlager Str.
Darfeld
Landwehrbach
Temming
Kümper

20

Steinfurt

Alte Architektur mit neuer Kunst, traditionelles Handwerk in Fachwerkhäusern, Mühlen und Kellerlabyrinthen, ein vielfältiges Landschaftsmosaik: Diese Route bietet Ihnen von allem etwas. Fordernd ist vielleicht die Streckenlänge, die aber ohne nennenswerte Anstiege auskommt.

46,7 km
3:04 Stunden bei 15,2 km/h
180 Meter ↗ **180 Meter** ↘

Auf Seite 6 finden Sie einen Hinweis, wo Sie die GPS-Daten kostenlos herunterladen können.

Erlebnis	●●●●○
Familientauglich	●●○○○
Schwierigkeit	●●○○○
Schwierigkeit E-Bike	●○○○○

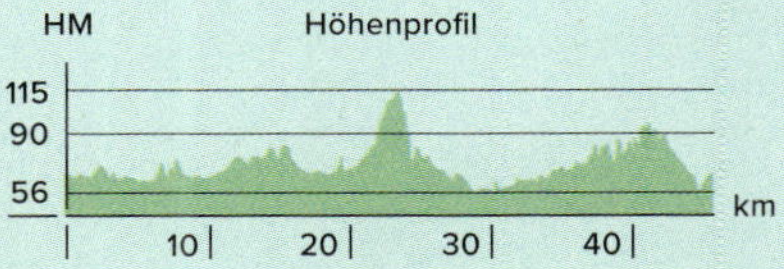

SEHENSWÜRDIGKEITEN
GEFÖRDERT VON DER NRW-STIFTUNG

1. Kreislehrgarten
2. Heimat 3.0
3. Holskenmuseum · Terup 19 · 48366 Laer
4. Eiskelleranlage · Gooiker Platz 1 · 48341 Altenberge
5. Heinrich-Neuy-Bauhaus-Museum · Kirchplatz 5 · 48565 Steinfurt
6. Haus Buckshook · 48565 Steinfurt
7. Hollicher Mühle · Hollich 146 · 48565 Steinfurt

E-BIKE-LADESTATION
• Altdeutsche Schenke Smeddinck • Münsterdamm 43 • 48366 Laer

INFO Der Eintritt in den Kreislehrgarten ist frei und von Sonnenauf- bis Sonnenuntergang möglich.

Ein malerisches Schloss, prächtige Bürgerhäuser, große und kleine Kirchen, ein Ritterordenskloster aus dem Mittelalter, der Bagno-Park als grüne Freizeit- und Erholungsoase: Kaum in Burgsteinfurt angekommen, möchten Sie garantiert gern länger verweilen. Planen Sie auf jeden Fall einen kleinen Sightseeing-Bummel zum Abschluss der Tour ein! Vom Startpunkt aus sind Sie erst einmal viele Kilometer auf der asphaltierten, 3 Meter breiten RadBahn Münsterland unterwegs, die einst Teil der Bahnverbindung Oberhausen–Quakenbrück war.
Halt, Zwischenstopp! Und zwar ein äußerst feiner nur 400 Meter abseits der Strecke (folgen Sie den Wegweisern, den Abzweig verpasst man sonst schnell) mitten in der Stadt: Der circa 30.000 Quadratmeter große **Kreislehrgarten** 1 lässt die Herzen aller Natur- und Gartenliebhaber definitiv höherschlagen – egal, ob man Gärten als Erholungsräume oder Nutzflächen für Obst, Gemüse und Kräuter versteht. Ständig wechselnde Düfte, verschiedene Formen und traumhafte Farbspiele versprechen dabei ein wahres Fest für die Sinne. Von August bis Dezember können Sie montags bis freitags außerdem Frisches aus dem Obstgarten kaufen. Vielleicht noch etwas Knackiges für ein Picknick am Wegesrand? Auf der RadBahn Münsterland radeln Sie weiter durch das bunte Mosaik aus Wiesen,

Feldern, Hecken, Bächen und Bauernhöfen. Auf Höhe des Leerbachs biegen Sie links ab, das typische Erscheinungsbild der Münsterländer Parklandschaft begleitet Sie weiterhin bis ins charmante Örtchen Laer, durch das der Ewaldibach plätschert. Das Zentrum Laers bilden die mächtige Kirche St. Bartholomäus und der alte Schulzenhof Welling - das heutige Rathaus - mit altem Speicher und Mühlenturm und einer großzügigen Park- und Teichanlage. Ein Schlenker durch den Ortskern sollte Sie in die **Heimat 3.0** 2 führen: Neben einem gastronomischen Angebot gibt es hier verschiedenste Waren regionaler Produzenten und lokaler DIY-Künstler.

Zurück auf der Route biegen Sie kurz dahinter vom Terup links in den Wiesengrund ein und erblicken vor sich ein kleines Haus, an dem der Schriftzug **„Holskenmuseum"** 3 prangt. Auf Deutsch: Holzschuhmuseum. Das Häuschen wurde 1935 von Holzschuhmachermeister Clemens Bäumer als Werkstatt und Wohnhaus erbaut. Bis in die 1960er-Jahre hinein führte hier der gleichnamige Sohn das Handwerk fort. Als andere Materialien Holz für beispielsweise Arbeitsschuhe zunehmend ablösten und sich das Geschäft nicht mehr lohnte, verkaufte er 1995 das Anwesen an den Heimatverein. Heute kann man sich dort über die Geschichte und das Handwerk informieren, einem echten Holzschuhmacher über die Schulter blicken und direkt ausprobieren, wie es sich überhaupt in solchen Schuhen läuft.

Richtung Altenberge müssen Sie ein kleines bisschen stärker in die Pedale treten. Die 2 Kilometer lange Auffahrt mit gerade mal bis zu 3 Prozent Steigung ist aber schnell geschafft und belohnt Sie mit einem beeindruckenden Rundblick auf das Münsterland und die Baumberge. Noch imposanter ist es allerdings im Altenberger Untergrund leicht oberhalb der Streckenführung: Die denkmal- und naturgeschützte, kathedralenähnliche **Eiskelleranlage** 4 der ehemaligen Bierbrauerei

INFO Besichtigungen des Holzschuhmuseums sind nach Vereinbarung möglich, und zwar bei Engelbert Thünte unter 02554/531 oder beim Dorfmarketingverein unter 02554/610910. Der Eintritt für Personen über zehn Jahren kostet 1,50 Euro.

INFO Die „Eisscholle" kann während der allgemeinen Öffnungszeiten gebührenfrei besichtigt werden. Der Abstieg in die Eiskeller ist nur im Rahmen von Führungen möglich, die an Sams- und Sonntagen immer zur vollen Stunde beginnen.

INFO Das Museum ist mittwochs, donnerstags, freitags und sonntags von 11 bis 17 Uhr und nach telefonischer Vereinbarung (02552/9958309) geöffnet.

der Gebrüder Beuing findet in ganz Europa nichts Vergleichbares. Mehrere Stockwerke sind massiv in Ziegelsteinen ausgebildet und dienten der Lagerung von Eis zur Kühlung und von Bierfässern zur Gärung und Reife. 1996 wurden die Eiskeller unter Denkmalschutz gestellt, das untere Geschoss ist bereits seit Längerem die Heimat bedrohter Fledermausarten. Im Rahmen der „Regionale 2004" erhielten die Eiskeller als Zugangs- und Informationspunkt einen Pavillon, der architektonisch an eine Eisscholle erinnert.

Jetzt machen Sie erst mal ein bisschen Strecke, okay? Denn in Steinfurt-Borghorst warten zwei Must-sees auf Sie, die von ihrer Architektur und Ausrichtung kaum unterschiedlicher sein können: das **Heinrich-Neuy-Bauhaus-Museum** 5 und **Haus Buckshook.** 6 Ersteres nimmt Sie - untergebracht im Stiftskurienhaus des ehemaligen Borghorster Damenstiftes - mit in die Welt des Bauhauses und zeigt Werke von Heinrich Neuy, der Schüler von weltberühmten Lehrern und Künstlern wie Wassily Kandinsky und Ludwig Mies van der Rohe war. Präsentiert werden Bilder, Möbel, Stelen und Bleiverglasungen Neuys sowie Werke anderer Bauhaus-Schaffender. Die gesammelten Eindrücke können Sie wunderbar im **Museumscafé** Revue passieren lassen.

Im Kontrast dazu steht Haus Buckshook, das älteste Fachwerkhaus in ganz Borghorst - im 17. Jahrhundert ein typisches Wohnhaus der örtlichen Weber, das

INFO Vereinbaren Sie unter 02552/2822 einen Besichtigungstermin.

noch heute und damit fast 400 Jahre später nahezu vollständig und original erhalten ist. Das sogenannte Kötterhaus zeigt mit Webstube, Tenne, Upkammer und der Wohnstube mit altem Mobiliar, wie früher in Borghorst gelebt und gearbeitet wurde. Die Mitglieder des Heimatvereins sanierten das Häuschen sehr behutsam und liebevoll und machen das Ergebnis nach vorheriger Terminvereinbarung erlebbar.

INFO Informationen zu Besichtigungsmöglichkeiten finden Sie unter www.hollicher-muehle.de.

Durch das erholsam-saftige Grün des Naturschutzgebietes Bagno-Am Buchenwald, das die beiden Steinfurter Stadtteile Borghorst und Burgsteinfurt miteinander verbindet, nähern Sie sich der **Hollicher Mühle,** 7 dem Wahrzeichen dieser Bauernschaft. Diese Holländer- oder Kappenwindmühle mit zwei Mahlgängen wurde 1859 errichtet und später nicht nur mit Windkraft, sondern auch mithilfe von Dampfmaschinen sowie Diesel- und Elektromotoren betrieben. Anfang des 20. Jahrhunderts wurde sie als nicht mehr rentabel stillgelegt. 1985 gründete sich der Förderkreis Hollicher Mühle, der die Mühle liebevoll restaurierte. Seit der Fertigstellung können Besucher sich nicht nur am äußeren Anblick erfreuen, sondern die Mühle auch besichtigen.

Bei einer Führung geht es über zahlreiche Treppen und Leitern auf eine spannende Zeitreise bis in die hölzerne Kappe mit dem imposanten Drehkreuz.

Wieder in Burgsteinfurt angekommen, ist eine Rast auf dem Marktplatz empfehlenswert. Vor dieser wunderbaren Kulisse treffen sich seit dem Mittelalter die Bürger zum Einkaufen und Plauschen. Schlendern Sie von dort aus zum von mächtigen Gräften umgebenen Wasserschloss, das noch heute vom Fürstengeschlecht von Steinfurt bewohnt wird. Ein fantastisches Fotomotiv ist das Torhaus des Schlosses. Nicht entgehen lassen sollten Sie sich außerdem diesen Teil des Bagnos mit dem einzigen freistehenden klassizistischen Konzertsaal Europas. Müde gestrampelt und voller neuer Erlebnisse geht es dann auf den Heimweg ...

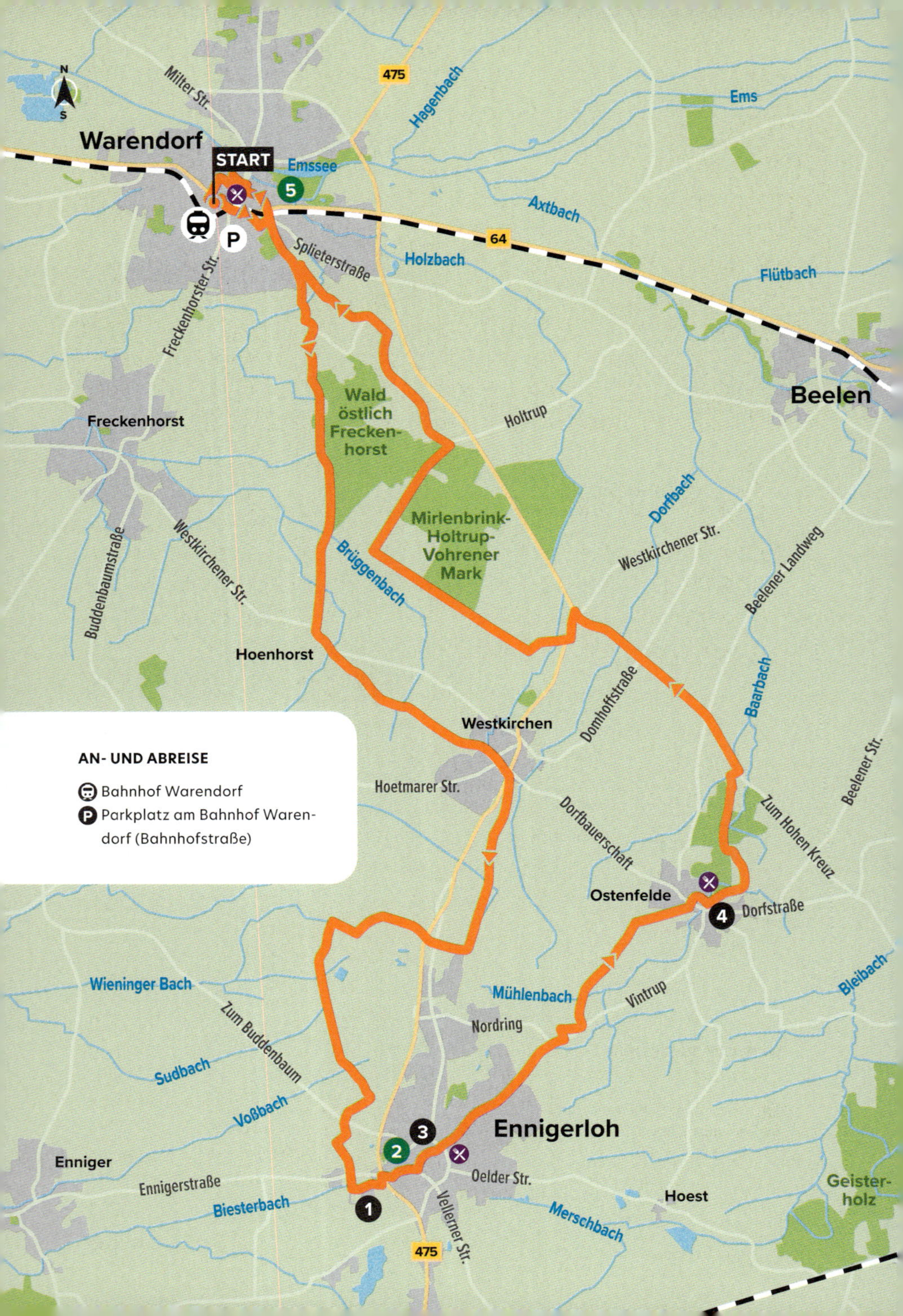

AN- UND ABREISE

Bahnhof Warendorf

Parkplatz am Bahnhof Warendorf (Bahnhofstraße)

21

Warendorf

Warendorf und Ennigerloh rahmen diese beschauliche Tour durch ländliche Idylle und ausgedehnte Wiesen und Waldungen der Münsterländer Parklandschaft ein. Die Wege sind flach, gut ausgebaut und überwiegend fahrradfreundlich – einfach ideal zum Abschalten und Kopf-frei-Pusten!

42,0 km

2:31 Stunden bei 16,7 km/h

↗ 160 Meter **↘ 160 Meter**

Auf Seite 6 finden Sie einen Hinweis, wo Sie die GPS-Daten kostenlos herunterladen können.

Erlebnis	●●●○○
Familientauglich	●●○○○
Schwierigkeit	●◐○○○
Schwierigkeit E-Bike	●○○○○

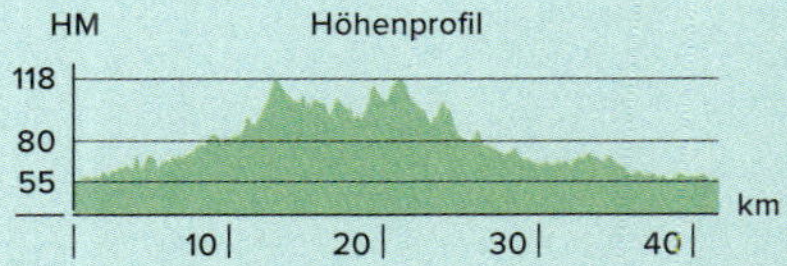

SEHENSWÜRDIGKEITEN
GEFÖRDERT VON DER NRW-STIFTUNG

1. Naturbad Ennigerloh
2. Windmühle Ennigerloh · Zur Windmühle 1 · 59320 Ennigerloh
3. Kleines Drubbelhaus
4. Wasserschloss Vornholz
5. Dezentrales Stadtmuseum Warendorf

SCHLAUCHAUTOMAT
• 2-Rad Hunkenschröder • Elmstraße 27 • 59320 Ennigerloh

E-BIKE-LADESTATIONEN
• Radstation Warendorf • Bahnhofstraße 11 • 48231 Warendorf
• Café Am Markt • Alleestraße 15 • 59320 Ennigerloh
• Habrock-Café • Clemens-August-Straße 3 • 59320 Ennigerloh

TIPP Apropos Streuobstwiesen: Entdecken Sie Bäume, die mit einem gelben Band gekennzeichnet sind, greifen Sie beherzt zu, das Obstpflücken ist hier ausdrücklich gewünscht. Die Aktion „Gelbes Band" soll Sie auf den Geschmack alter regionaler Sorten wie den Münsterländer Borsdorfer Apfel bringen.

Parklandschaft - der Begriff ist leicht irreführend. Im Kopf entstehen zwangsläufig Bilder von großzügig angelegten Blumenrabatten inmitten von Springbrunnen sowie klar strukturierten Hecken und Baumalleen, durch die Spazierwege führen. Hier liegt quasi der Hase im Pfeffer, denn ein Park ist nun mal etwas anderes als eine Parklandschaft. Typisch für die **Münsterländer Parklandschaft** sind kleinteilige Strukturen aus Äckern, Wiesen und Weiden, die durch Hecken voneinander abgegrenzt sind. Charakteristisch sind außerdem Streuobstwiesen, Pferdekoppeln und Wäldchen. Entstanden ist dieses Bild über viele Jahrhunderte: Bauern siedelten hier zunächst nicht in Dörfern, sondern auf Einzelhöfen. Daraus entwickelten sich - wenn es nicht bei Einzelhöfen geblieben ist - erst später kleinere und größere Orte. Wenn Sie sich die Tour vorab über Google Maps anschauen, sehen Sie aus der Luft lauter Flecken in allen möglichen Grünschattierungen. Voilà, die Münsterländer Parklandschaft.

Das war nur ein kleiner Exkurs auf das, was Sie auf einem Großteil der Strecke erwartet. Zurück nach Warendorf, dem Start- und Zielpunkt der Tour. Die Route führt Sie direkt aus dem Städtchen hinaus. Sie können aber gern jetzt und zum Abschluss hier verweilen. Die „Stadt des Pferdes" - hier haben Institutionen des Pferdesports wie der Nationale Dachverband für alle Reiter und das Deutsche Olympiade-Komitee für Reiterei ihren Sitz - mit ihrem historischen Stadtkern, ihren denkmalgeschützten Häusern und verwinkelten Gassen lädt zu Entdeckungen ein, die vielen gemütlichen **Cafés** und **Restaurants** zum entspannten Einkehren. Lassen Sie das Ambiente erst mal nur auf sich wirken, zu allem Sehenswerten später mehr.

Hinunter bis Ennigerloh radeln Sie durch die bereits angekündigte Münsterländer Parklandschaft. Zugegeben: Sind Sie auf Erlebnisse am laufenden Band aus, wird diese Tour schwierig. Wollen Sie hauptsächlich entspannen und die Natur mit ein paar kulturellen und architektonischen Highlights genießen: genau richtig!

Häufig liegt das kleine große Glück ja genau darin. Kurz vor Ennigerloh kommt trotzdem – wenn auch nur für einen Wimpernschlag – Abwechslung ins Bild: Von der neuen Brücke an der Bergstraße schauen Sie rechts und links in einen Steinbruch. Das kann trist, aber auch spannend sein und ist abhängig vom Tagesverlauf, vom Licht, sogar von Ihnen und Ihrer Stimmung.

Bald darauf erreichen Sie den Ortsrand von Ennigerloh mit seinem einladenden **Naturbad.** 1 Von Mai bis September geöffnet, entspannen Sie sich auf der sonnigen Liegewiese oder in Strandkörben auf der künstlich angelegten Düne, ziehen Bahnen im natürlichen Gewässer oder kommen in der Fasssauna ordentlich ins Schwitzen. Sie können, müssen natürlich nicht. Einen winzigen Abzweig empfehle ich Ihnen trotzdem: Biegen Sie an der Ennigerstraße erst links in den Mühlengeist und dann rechts in den Wittensknapp ab. Vor Ihnen erhebt sich das Wahrzeichen der Gemeinde: die **Windmühle Ennigerloh,** 2 eine Holländer-Windmühle. Erbaut 1869, war sie bis Ende der 1920er-Jahre in Betrieb. Seit 1984 ist die Mühle als technisches Denkmal anerkannt, zeigte nach mehreren vergeblichen Sanierungsbemühungen jedoch deutliche Zeichen eines langsamen Verfalls. Engagierte Bürger haben

INFO Regelmäßig veranstaltet der Mühlenverein Ennigerloh Führungen, bei denen das restaurierte und funktionierende Mahlwerk bestaunt werden kann. Zu Pfingsten ist die Mühle Austragungsort des beliebten Mühlenfestes. www.muehlenfreunde-ennigerloh.de

INFO Die Öffnungszeiten der drei genannten Gastro-Tipps lassen sich leider nicht knackig zusammenfassen. Schauen Sie im Zweifel auf deren Websites nach und reservieren Sie eventuell auch.

GASTRO-TIPP Kurz vor Warendorf steht am Weg ein Selbstbedienungsautomat vom Hof Schwakenberg, an dem sogar Kartenzahlung möglich ist. Zu kaufen gibt es Eier und Marmelade und natürlich feinstes Limousin-Rindfleisch, für das der Hof in der Region bekannt ist.

sie schließlich von 2008 bis 2010 in mühevoller Kleinarbeit saniert und restauriert. Heute ist die Ennigerloher Mühle ein Kleinod münsterländischer Agrar- und Baukultur. Sie dient als Museum und Veranstaltungsort und gilt in der Umgebung als einer der schönsten Plätze für ein Ja-Wort.

Kurz danach führt Sie die Route am urigen Ortsteil „Im Drubbel" vorbei: Lassen Sie sich einen kleinen Bummel entlang der gut erhaltenen Fachwerkhäuser nicht entgehen und biegen von der Ennigerstraße auf Höhe des „Hotels Hubertus" in den Haferkamp ab. Besonders das 1776 errichtete und vom Heimatverein restaurierte **Kleine Drubbelhaus** 3 ist ein wahres Schmuckstück. Einkehren können Sie hier auch, beispielsweise im italienischen **Restaurant „Da Domenico",** in der **Pizzeria „Aroma bei Marko"** oder im **Restaurant „Hubertus"** mit seiner wunderschönen Terrasse.

Danach geht es weiter in Richtung Ennigerloh-Ostenfelde, wo sich Ihnen bald das **Wasserschloss Vornholz** 4 mit seinem imposanten barocken Eingangsportal präsentiert. Im 12. Jahrhundert stand an dieser Stelle die Burg der Ritter von Ostenfelde, die im 30-jährigen Krieg zerstört wurde. Auf deren Grundmauern wurde Ende des 17. Jahrhunderts das heutige Schloss erbaut. Bekannt war es in neuerer Zeit für seine internationalen Reitturniere, heute ist die Anlage in Privatbesitz und leider nicht zu besichtigen. In unmittelbarer Nähe befindet sich der Golfclub „Schloss Vornholz": Im **Clubrestaurant** sind auch Radfahrer herzlich willkommen. Von der großzügigen Sonnenterrasse haben Sie einen fantastischen Blick auf den alten Baumbestand, auf Wallhecken, Bäche und Teiche - typisches Parklandschaftsflair, das Sie auch auf dem folgenden Teilstück zurück nach Warendorf begleitet.

INFO Die Häuser des Stadtmuseums können Sie sonntags von 15 bis 17 Uhr kostenlos besichtigen.

Wer romantische Stadtkerne liebt, den wird Warendorf begeistern. Bei einem Bummel durch die Straßen und Gässchen kann man schon mal die Zeit vergessen.

Unbedingt anschauen sollten Sie sich die fünf Häuser, die zum **Dezentralen Stadtmuseum Warendorf** 5 gehören und in denen gezeigt wird, wie die Menschen zu verschiedenen Zeiten lebten. Dazu zählen das Historische Rathaus am Marktplatz, das hochherrschaftliche Haus Klosterstraße 7 mit handbedruckten französischen Bildtapeten, das Fabrikantenhaus Bispinck an der Münsterstraße mit aufwendiger Deckengestaltung, das Torschreiberhaus und das Gadem (Zuckertimpen 4), ein Kleine-Leute-Haus, in dem früher Handwerker, Tagelöhner, Witwen und unverheiratete Frauen, aber auch städtische Beamte wie der Lampenanzünder oder der Nachtwächter lebten.

Die Bildtapeten wurden 1823/24 in der Pariser Manufaktur Dufour & Leroy hergestellt.

Eine Auszeit sollten Sie sich in der **Kosterei** (Oststraße 38; vom Gadem im Zuckertimpen fahren Sie direkt daran vorbei) gönnen: Im zauberhaften Tante-Emma-Ambiente gibt es sorgfältig ausgewählte Produkte aus der Region - unter anderem Rindfleisch vom Hof Schwakenberg -, köstliche Suppen und Spezialitäten aus der eigenen Kaffeerösterei. Ein weiterer Genusstipp: das historische **Brauhaus „Warintharpa"** an der Laurentius-Kirche - 1635 wurde der rechte Teil, 1838 der linke Teil des Brauhauses errichtet. Jung und modern ist dagegen die Küche, die hier serviert wird. Lohnenswert ist auch ein Abstecher in den Emsseepark nördlich der Altstadt, ganz besonders im Juni, wenn die „Warendorfer Weinstraße" zum Schlemmen am Ufer einlädt. Hier gehen die Uhren übrigens ganz genau, denn mitten durch den Park verläuft der achte Längengrad östlich von Greenwich ...

AN- UND ABREISE

Bahnhof Wesel und von dort mit dem Rad zum Startpunkt

P Parkflächen an Karl-Jatho-Straße · Wesel

SCHLAUCHAUTOMAT

- Zweirad Strößer · Feldstraße 24 · 46485 Wesel

E-BIKE-LADESTATION

- Bauernhofcafé Hellenhof · Marwick 13 · 46487 Wesel

Wesel

Natur und Entschleunigung pur, meditative Ruhe, landschaftlicher und kulinarischer Genuss: Das alles verbindet diese Tour aufs Feinste miteinander und lässt Sie auf 46 Kilometern immer mehr das Tempo rausnehmen.

46,0 km

2:52 Stunden bei 16,0 km/h

↗ 130 Meter **↘ 130 Meter**

Auf Seite 6 finden Sie einen Hinweis, wo Sie die GPS-Daten kostenlos herunterladen können.

Erlebnis	●●●●●
Familientauglich	●●●●●
Schwierigkeit	●○○○○
Schwierigkeit E-Bike	●○○○○

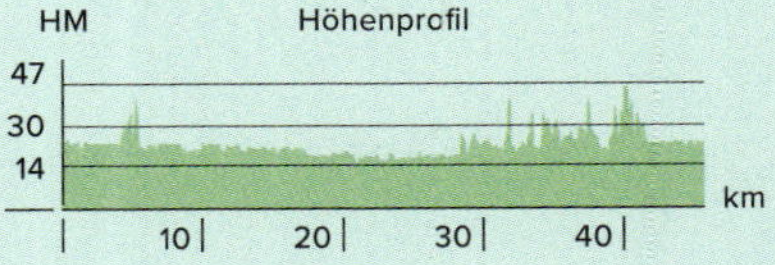

SEHENSWÜRDIGKEITEN
GEFÖRDERT VON DER NRW-STIFTUNG

1. Historischer Schienenverkehr Wesel e. V. · Karl-Jatho-Straße 1 · 46487 Wesel
2. NABU-Naturarena
3. Pastors Garten
4. Rees
5. Schloss Diersfordt
6. Museum und Heimathaus Eiskeller · An der Zitadelle 14 · 46483 Wesel

„Die Schönheit des Niederrheins, mein ich immer, dat ist nich sone Angelegenheit, so wie man sacht, Gott, ist die Frau schön. Das geht tiefer. Dat krisse fast gar nich raus, warum dat so is. Auf den ersten Blick schon gar nicht. Muss ja auch nicht sein, sach ich immer, dat wär ja ne langweilige Schönheit. Nein, der Niederrhein will angeguckt werden. Und dann beginnt die große Liebe. Dat is dat Geheimnis des Niederrheins. Un wer einmal am Niederrhein war, der kommt wieder." Ist das nicht eine tolle Liebeserklärung an den Niederrhein!?! Formuliert hat sie der Kabarettist und Schriftsteller Hanns Dieter Hüsch. Und er hat so was von Recht.

Nur in einem widerspreche ich ihm: Der Niederrhein ist eine große Liebe auf den ersten Blick. Allein die Nähe zum Wasser, die üppigen Auenlandschaften, kleine und große Orte voller Geschichte machen das – im wahrsten Sinne des Wortes – Erfahren dieser Region so reizvoll. Bereits am Startpunkt möchte man mehr Zeit verbringen, einfach bei **Tante Ju** sitzen und den Segel- und Sportflugzeugen beim Starten und Landen zuschauen. Kurz vor der Rheinpromenade hat auch der **Historische Schienenverkehr Wesel e. V.** 1 sein Zuhause. Vor 30 Jahren begannen dessen Mitglieder mit Dampflokfahrten, zunächst auf den Schienen der Weseler Hafenbahn, inzwischen auf dem Liniennetz der Deutschen Bahn. Seitdem konnten zahlreiche historische Waggons

INFO Der Weseler-Stadt-Express startet an bestimmten Tagen – beispielsweise anlässlich des Stadtfestes – an der Rheinpromenade. Den Jahresfahrplan und alle Termine für Sonderfahrten finden Sie unter www.hsw-wesel.de.

restauriert werden, die auf Tagestouren, Sonder- und Charterfahrten zum Einsatz kommen.

Auf der Rheinpromenade geht es trubelig zu. Kein Wunder! Hier machen **Biergärten, Restaurants** und **Cafés** Appetit auf mehr, der Mississippi-Dampfer „River Lady" hat seine Anlegestelle, die einen strömen ins Strandbad Auesee, andere auf den Minigolfplatz. Radfahrer und Spaziergänger wählen die Promenade gern als Ausgangspunkt für eine Tour durch die Aue oder über den Rheindeich in Richtung Bislich. Auch das ist kein Wunder: Von der Deichkrone genießt man herrliche Ausblicke. Am Bislicher Rheindeich lohnt es sich dennoch, kurz die Route zu verlassen: Biegen Sie in die Straße „Auf dem Mars" ein und besuchen Sie die **NABU-Naturarena.** 2 Auf einer rund 8.000 Quadratmeter großen Fläche erleben Sie typische niederrheinische Lebensräume – Feuchtwiesen, Hügellandschaften, Hecken und Schmetterlingswiesen.

Dass Sie sowohl in der Naturarena als auch in der Bislicher Rheinaue immer wieder Störche sehen, die auf der Suche nach Futter herumstolzieren, ist kein Zufall. Die feuchten Wiesen und die kleinen Teiche bieten den majestätischen Vögeln ideale Voraussetzungen. Allein in Bislich, dem „Storchendorf am Rhein", brüteten 2021 acht Storchenpaare. Sogar ein 14-Kilometer-Rundkurs entlang der Nester ist ausgeschildert. An einigen Stationen kommen Sie vorbei, beispielsweise am **Fährhaus,** wo Sie sich auf der Panorama-Terrasse wenigstens für ein kaltes Getränk niederlassen sollten. Vielleicht klappern Ihnen die Störche ein Lied dazu ...

Eine sehr besondere Oase der Ruhe und Andacht wartet wenige Meter später und einen winzigen Hauch abseits der Streckenführung auf Sie: **Pastors Garten** 3 hinter der Kirche am Deich. Für eine Spende von 3 Euro, die zwei gemeinnützigen Vereinen zugutekommt, dürfen Sie in dieses lauschige Paradies eintreten. Schlendern Sie gemächlich durch Obst- und Gemüsegärten und um den Teich mit Ufergraben und Kopfweiden. Überall stehen Bänke zum Ausruhen bereit – und zum Bewundern

INFO Für Naturliebhaber öffnet die NABU-Naturarena jeden ersten Sonntag im Monat (Mai bis Oktober) von 11 bis 17 Uhr ihre Pforten.

Die Bislicher Rheinaue ist nicht nur bei Menschen, sondern auch bei Störchen richtig beliebt.

INFO Montag und Dienstag sind Ruhetage. Den Rest der Woche verwöhnt Sie das Fährhaus-Team von 9.30 bis 22 Uhr.

INFO Auch wenn „Reeser Meer" verlockend klingt: Baden dürfen Sie hier nicht, die Aussicht genießen aber schon.

der Blütenpracht, die Pfingstrosen und Rosen entfalten. Absolut tiefenentspannt schwingen Sie sich wieder in den Sattel. Irgendwann hinter der Rheinaue Bislich-Vahnum verlassen Sie den Deichkamm und radeln gen Reeser Meer. Etwas städtisches Flair dürfte es für Sie jetzt schon sein? Machen Sie einen Abstecher nach **Rees** 4 und flanieren Sie über eine der schönsten Rheinpromenaden Deutschlands. Sehenswert sind auch das „Koenraad Bosman Museum", in dem Kunst- und Stadtgeschichte thematisiert werden, die Kasematten und der Skulpturenpark. Oder klettern Sie auf den Mühlenturm (Zutritt kostenlos) und genießen den Blick in die Ferne.

Die „Alltagsmenschen" von Christel Lechner kommen 2023 nach Rees zurück.

Am Skulpturenpark startet auch der **Planetenweg** und führt geradewegs zum Reeser Meer. Modelle im Maßstab 1:1.000.000.000 und Infotafeln vermitteln Wissenswertes über unser Sonnensystem und die Planeten. Haben Sie für den Rees-Besuch ein paar Extrakilometer in Kauf genommen, kommt es auf 6 Kilometer zu Sonne, Venus, Mars und Co. auch nicht mehr an, oder? Zum Reeser Meer müssen Sie ohnehin. Sind Sie auf der Route geblieben, ist hier der Endpunkt des Planetenwegs. Aber Sie kommen ja bestimmt wieder ...

Obwohl es jetzt mal wieder nur durch die Landschaft geht, gibt es trotzdem einiges zu sehen. Felder und Äcker, Wiesen und Weiden, Pappeln und Kopfweiden, klar. Ist ja der Niederrhein. Aber auch glückliche Hühner, flauschige Alpakas und unermüdlich grasende Schafe. Für eine kulinarische Pause folgen Sie am Campingplatz „Zur langen Renne" nicht der Route, sondern der Alten Poststraße bis zum **Gasthaus „Zum reisenden Mann",** wo Sie im Biergarten unter Bäumen sitzen und bodenständig-deftige Küche genießen. Dann sind Sie für die restliche Strecke bestens erholt und gestärkt. In einem weiten Bogen lenken Sie Ihr Rad nun über Felder und zwischen dichten Büschen in den Diersfordter Wald, teilweise auf einer

breiten alten Militärstraße, die an einem eingezäunten Übungsplatz vorbeiführt. Hinter dem Wald öffnet sich der Blick auf den Diersfordter Waldsee und **Schloss Diersfordt.** 5 Bereits im frühen 14. Jahrhundert stand hier eine Burg, von der heute noch der „Porthaus" genannte Kornspeicher aus dem Jahr 1432 zeugt. Im 18. Jahrhundert musste die Burg einem Schloss weichen, das kurz vor Weihnachten 1928 aber komplett niederbrannte. Ein Jahr später wurde der Grundstein für das jetzige Wasserschloss gelegt, wieder zwölf Monate später feierte man Einweihung. Das Schloss selbst befindet sich in Privatbesitz und kann nur von außen bestaunt werden, es sei denn, man übernachtet, feiert oder tagt dort.

Geöffnet für Wissenshungrige ist dagegen das **Museum und Heimathaus Eiskeller** 6 am Schloss. Das Gebäude stammt aus der zweiten Hälfte des 18. Jahrhunderts und war ursprünglich eine Ölmühle. Außerdem wurden hier - wie es der Name verrät - verderbliche Lebensmittel gekühlt. Und zwar in Eisblöcken, die aus dem zugefrorenen Schlossgraben gesägt wurden. 1995 initiierte der Heimatverein Diersfordt die grundlegende Sanierung des denkmalgeschützten Gebäudes. Bereits seit 2004 wird in Dauer- und Sonderausstellungen die Geschichte des Schlosses und die Entwicklung der Umgebung dargestellt. Ein vielfältiges Veranstaltungsprogramm mit Konzerten, Lesungen und Vorträgen rundet die Arbeit des Museumsvereins ab.

Am Flürener Altrhein folgen Sie links der Bislicher Straße, fahren wieder auf die Rheinpromenade Wesel zu und haben Gelegenheit, alles nachzuholen, was Sie beim Tourstart ausgelassen haben: ein erfrischendes Bad im Strandbad Auesee, kühle Getränke in einem der vielen Lokale, eine Partie Minigolf ... Meine Empfehlung ist der **Biergarten „Rheinpromenade",** wo Sie sogar auf einem kleinen Strandabschnitt sitzen und die Aussicht auf den Rhein genießen können.

INFO Geöffnet ist das Museum und Heimathaus Eiskeller sonntags von Mai bis Oktober von 11 bis 16 Uhr. Und am jeweils zweiten September-Wochenende findet auf dem Schlossgelände ein frühmittelalterlicher Handwerksmarkt statt.

Ausstellungen informieren über die Geschichte des Schlosses und die Landschaftsentwicklung der Umgebung.

AN- UND ABREISE
Hauptbahnhof Wuppertal
Bahnhof Wuppertal-Barmen
Parkplätze an der Mirker Straße
SCHLAUCHAUTOMAT
• Mirker Bahnhof · Mirker Straße 48 · 42105 Wuppertal
E-BIKE-LADESTATIONEN
• Skaterhalle Wicked Woods · Langobardenstraße 65 · 42277 Wuppertal
• Bike-Energy · Mittelstraße 15 · 45549 Sprockhövel
Gevelsberg
Hagener Str.
Neustraße
Ennepetal
Heilenbecker Str.
483
234
Asbecker Str.
Haßlinghauser Str.
Rosendahler Str.
Schwelm
Beyenburger Str.
Beyenburger Stausee
Wupper
43
Mollenkotten
Schwarzbach
Am Diek
46
Wuppertal-Barmen
Botanischer Garten
START
Gathe
Horather Str.
Hans-Böckler-Str.
Uellendahler Str.
Nordbahntrasse
7
1
Beyenburger Str.

23

Wuppertal

Auch mit der Nordbahntrasse ist das Profil dieser Tour durchgehend wellig. Auf dem Weg von Gevelsberg nach Schwelm will ein 3 Kilometer langer Anstieg bezwungen werden, der mit in der Spitze 9 Prozent die Beinmuskeln zum Glühen bringt. Ganz untrainiert sollten Sie also besser nicht sein.

44,6 km

2:57 Stunden bei 15,1 km/h

470 Meter ↗ **470 Meter** ↘

Auf Seite 6 finden Sie einen Hinweis, wo Sie die GPS-Daten kostenlos herunterladen können.

Erlebnis	●●●●○
Familientauglich	●●●○○
Schwierigkeit	●●●●○
Schwierigkeit E-Bike	●●○○○

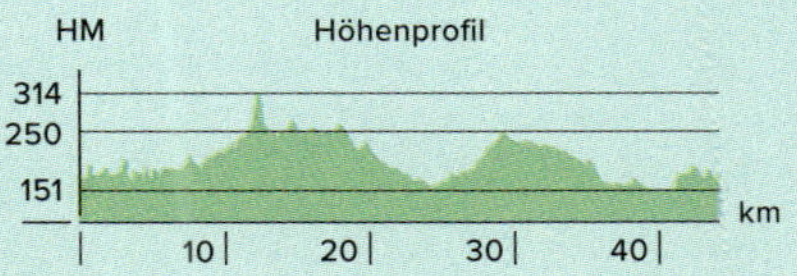

SEHENSWÜRDIGKEITEN
GEFÖRDERT VON DER NRW-STIFTUNG

1. Bahnhof Wuppertal-Mirke · Mirker Straße 48 · 42105 Wuppertal
2. Nordbahntrasse
3. Legobrücke
4. Belvedere-Park
5. Tunnel Schee
6. Haus Martfeld
7. Gaskessel Wuppertal
8. Engels-Haus · Engelsstraße 10 · 42283 Wuppertal

Beliebter Hotspot an der Nordbahntrasse: der Mirker Bahnhof.

Ankommen und stärken zu Beginn, ankommen und erholen am Ende der Tour: So können Sie die einmalige Atmosphäre am **Bahnhof Mirke** 1 am besten in sich aufsaugen. 1882 wurde der Bahnhof an der Wuppertaler Nordbahn als zweiter Hauptbahnhof und als Konkurrenz zur Eisenbahnstrecke im Tal eröffnet. Mitte des 20. Jahrhunderts verlor die Strecke jedoch immer mehr an Bedeutung, 1991 erfolgte die endgültige Stilllegung. Seit 1987 steht das historische Fachwerkgebäude mit dem noch erhaltenen Wartesaal I. Klasse bereits unter Denkmalschutz.

Trotzdem verfiel der Bahnhof in den folgenden Jahren mehr und mehr, bis 2011 eine Gruppe junger Leute beschloss, das Areal mit dem Kulturprojekt „Utopiastadt" wiederzubeleben. Heute ist der Mirker Bahnhof ein Kultur- und Kreativquartier und beherbergt unter anderem einen Co-Working Space, einen Fahrradverleih und ein Reparaturcafé. Abgerundet wird das Angebot durch Lesungen, Konzerte oder Designmärkte, die vor allem an den Wochenenden stattfinden. Plus: das **Café Hutmacher** mit einer Theke aus echten Büchern als Blickfang. Ihren Kaffee genießen Sie aus Omas Sammeltassen – nach dem Vorbild des verrückten Hutmachers aus „Alice im Wunderland", dem Namensgeber des Cafés. Möchten Sie zu einem Flammkuchen aus dem Ofen lieber ein Bier, sind Sie mit dem eigens für das Café gebrauten Biobier „Bärtig Bräu" bestens beraten.

So, jetzt wird es aber höchste Zeit, sich aufs Rad zu schwingen – ein großer Teil der **Nordbahntrasse** 2 wartet darauf, von Ihnen be- und mit offenen Sinnen erfahren zu werden. Von hier oben, über den Dächern der Wuppertaler Nordstadt, eröffnen sich Ihnen ganz neue, spektakuläre Perspektiven auf die umgebenden Viertel mit ihren historischen Gründerzeitfassaden. Sie rollen an haushohen Felswänden vorbei und durch Tunnel hindurch und erleben faszinierende Ausblicke von den zahlreichen Viadukten. Liebevoll wurden die

LIEBLINGSTOUR VON BASTIAN BENDER

Ausgerechnet Wuppertal? Ja, meine ich, und zwar nicht nur, weil ich hier lebe. Die Nordbahntrasse ist perfekt zum Radeln geeignet – mit Natur, schönen Ausblicken auf die Stadt und ehemaligen Bahnhöfen an der Strecke. Tipp: Machen Sie einen kleinen Abstecher ins Briller Viertel! Das wohl größte gründerzeitliche Villenviertel Deutschlands mit 4.500 Baudenkmälern liegt direkt an der Trasse.

Ort mit schöner Aussicht: der Belvedere-Park.

alten Bahnhöfe und Haltepunkte der 1991 stillgelegten Nordbahn mit Stationsschildern, Rastplätzen und Informationstafeln gestaltet. Rechts und links der Trasse gibt es schlichtweg zu viel zu entdecken, um alles zu nennen. Ein Tipp: Ihre Kamera sollte immer griffbereit sein.
Etwa 1 Kilometer nach dem Start am Mirker Bahnhof radeln Sie beispielsweise über die **Legobrücke.** 3 Um sie in ihrer ganzen Farb- und Detailpracht zu bestaunen, setzen Sie sich für den Rückweg am besten einen Marker auf die Schwesternstraße. Die Brücke wirkt, als ob sie aus gigantischen Legosteinen gebaut wurde. Tatsächlich wurden diese von dem Graffiti- und Streetart-Künstler Martin Heuwold aka Megx auf die Brückenkonstruktion gesprüht, was sogar mit dem Förderpreis des Deutschen Fassadenpreises prämiert wurde. Eine Legobrücke 2.0 in Regenbogenfarben gibt es übrigens in der Dahler Straße in Wuppertal-Langerfeld.
Ein weiteres Schmuckstück ist der **Belvedere-Park,** 4 der auf einem 7 Meter hohen Felsensporn liegt und einen einzigartigen Panoramablick ermöglicht. Ursprünglich gehörte er zum Anwesen von Carl Hackenberg, dem Teilhaber einer Band- und Litzenfabrik aus Wupperfeld. Über einen Treppenaufgang am Askanierpark ist die Anlage täglich von 9 Uhr bis zum Sonnenuntergang zugänglich. Da der Park als Rast- und Ruheplatz ausgewiesen ist, müssen Sie Ihr Rad am Eingang abschließen. Fast genauso schön rasten und picknicken lässt es sich am **Haltepunkt Bracken.** 5 Kurz darauf läutet der

SEHENSWERTES AM WEGESRAND Draisine können Sie am Bahnhof Loh auf einer 1,6 Kilometer langen Strecke fahren. Die Fahrten sind kostenlos möglich, Spenden werden gern entgegengenommen. Termine und Buchungen: www.nordbahntrasse.de/draisine_buchung.

Tunnel Schee 5 - mit knapp 700 Metern der längste Tunnel der Nordbahntrasse - das östliche Ende dieses Radwegs ein und markiert in der Mitte die Grenze zwischen Wuppertal und Sprockhövel.

Durch das Hügelland der Ruhrhöhen und idyllische Landschaften wie das Sprockhöveler Bachtal erreichen Sie Haßlinghausen und unterqueren wenig später die A 1 in Uellendahl. Die Route führt Sie direkt am **Restaurant „Habbel's Bistro Manufactur"** vorbei. Der kulinarische Stopp lohnt sich besonders dann, wenn Ihr Herz für modern interpretierte deutsche Gerichte und französische Landküche schlägt. In den wärmeren Jahreszeiten lädt auch der Gastgarten vor der denkmalgeschützten Brennerei zum Genießen und Verweilen ein. Apropos: Die ehemalige Kornbrennerei, die sich bereits seit 1878 in Familienbesitz befindet, ist heute die größte Obstbrennerei in der Region. Und in der eigenen Whisky-Brennerei „Hillock Park Destillery" entstehen Whiskys und Liköre, die bei internationalen Spirituosenwettbewerben zu höchsten Ehren kamen.

TIPP Trotz Beleuchtung der Tunnel sollten Sie auf der Nordbahntrasse unbedingt Licht am Rad haben. Ab und zu finden Polizeikontrollen statt - und wenn das Licht fehlt, werden schon mal Bußgelder verhängt.

Ein kleiner Bogen durch Gevelsberg mit großen Waldflächen in unmittelbarer Nähe der Innenstadt - schon sind Sie in Schwelm. Verlassen Sie die Hagener Straße nach rechts in die Ulmenstraße, können Sie sich das ehemalige Rittergut von **Haus Martfeld** 6 anschauen, das aus einer kleinen mittelalterlichen Wasserburg entstand. Heute hat hier das Städtische Museum mit Sammlungen zur Geschichte des Raumes Schwelm und Wuppertal sein Zuhause. Ergänzt wird das Archiv durch eine Bibliothek mit wertvollen Büchern vom 16. Jahrhundert bis zur Mitte des 19. Jahrhunderts. Haben Sie Kaffeedurst und Süßhunger? Mitten in der Schwelmer Innenstadt finden Sie das kleine, aber feine Café der **Rösterei „Rabenschwarz"** - biegen Sie einfach an der Hauptstraße auf Höhe des Neumarkts links in die Kirchstraße ein.

INFO Alles Wissenswerte über das breite Sortiment sowie die Öffnungszeiten von Destillerie und Restaurant ist kompakt auf www.habbel.com zusammengefasst.

INFO Sonn- und feiertags ist die Rösterei leider geschlossen. Wann sonst geöffnet ist? Bitte hier entlang: www.rabenschwarz-kaffee.de.

Zurück auf der Route passieren Sie nahezu unbemerkt die Stadtgrenze von Schwelm zu Wuppertal und fahren in Barmen auf den **Gaskessel,** 7 das Wahrzeichen des östlichen Stadtgebiets, zu. 2019 erwachte dieser ehemalige Gasspeicher zu neuem Leben. Neben einem Restaurant im Erdgeschoss und einem Fitnessstudio auf den nächsten Ebenen befindet sich das absolute Highlight in der fünften Etage: das Visiodrom, Europas größtes Projektionstheater. Auf über 6.500 Quadratmetern Fläche können Sie atemberaubende 360-Grad-Projektionen aus Licht und Ton erleben. Bedeutende Werke und Epochen der Kunstgeschichte stehen ebenso auf dem Programm wie zeitgenössische Video- und Fotografie. Und auf dem Dach bietet der Skywalk Ihnen in fast 70 Metern Höhe einen sensationellen Rundumblick über Wuppertal.

INFO Die Projektionsshows dauern in der Regel etwa 30 Minuten, Sie können sie sich aber auch mehrmals hintereinander anschauen, wenn der Besucherandrang nicht zu groß ist. www.visiodrom.de

An der Wupper und begleitet von der Schwebebahn radeln Sie weiter. Ihr nächstes Ziel: der Engelsgarten und das **Engels-Haus,** 8 wo die Familie des Philosophen und Revolutionärs Friedrich Engels einmal lebte. Das Engels-Haus, 1775 im Stil des Bergischen Spätbarocks erbaut, war das Wohnhaus seines Großvaters Johann Caspar Engels und repräsentiert den wirtschaftlichen Erfolg der Familie als Textilunternehmer in der Frühindustrialisierung. Die Dauerausstellung im „Museum Industriekultur Wuppertal" zu Leben und Werk von Friedrich Engels stellt den Fabrikantensohn aus Barmen als einen echten Allrounder - oder wie Karl Marx es formulierte: als wahres Universallexikon - vor. Außerdem wird thematisiert, wie sich die Technik im Bergischen Land durch die industrielle Revolution verändert hat.

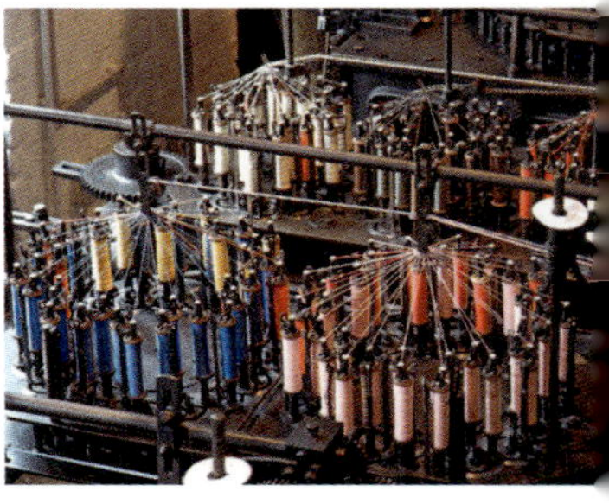

INFO Öffentliche Führungen finden sonntags um 11 Uhr statt und dauern eine Stunde. Da nur 14 Personen teilnehmen können, ist eine Vorabbuchung empfehlenswert. www.mi-wuppertal.de

Bald darauf sind Sie wieder auf der Nordbahntrasse und fahren von der Draisinenstation die bekannte Strecke zurück zum Mirker Bahnhof. Sie wissen ja: Hier bei einem kühlen „Bärtig Bräu" wohlig die Beine von sich wegzustrecken, ist genau das Richtige zum Abschluss dieser Tour.

AN- UND ABREISE

Bahnhof Xanten

P+R Bahnhof Xanten (Bahnhofstraße)

E-BIKE-LADESTATIONEN

- Tourist-Information Xanten
- Parkplatz am LVR-RömerMuseum
- Häfen von Vynen und Wardt an der Nordsee sowie in Lüttingen an der Südsee und am Eingang zum Naturbad
- Historisches Rathaus Kalkar
- Stadtwindmühle Kalkar

SCHLAUCHAUTOMAT

- 2-Rad Giltjes · Hanselaerstraße 31–35 · 47546 Kalkar

Xanten

Römerstadt. Domstadt. Siegfried-Stadt. Kneipp-Stadt. Sie merken es schon: Allein in Xanten gibt es unfassbar viel zu erleben. Und von Nordsee zu Südsee ist es auch nur ein kleiner Sprung – Urlaubsgefühle inklusive. Wenn am Wegesrand nicht noch zig andere Highlights warten würden ...

47,2 km

3:01 Stunden bei 15,6 km/h

80 Meter **80 Meter**

Auf Seite 6 finden Sie einen Hinweis, wo Sie die GPS-Daten kostenlos herunterladen können.

Erlebnis	●●●●●
Familientauglich	●●●●●
Schwierigkeit	●○○○○
Schwierigkeit E-Bike	●○○○○

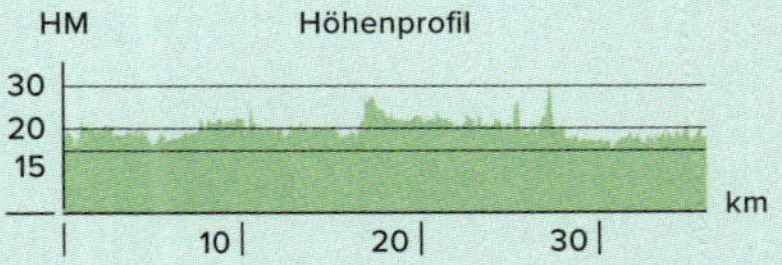

SEHENSWÜRDIGKEITEN
GEFÖRDERT VON DER NRW-STIFTUNG

1. Siegfriedmuseum · Kurfürstenstraße 9 · 46509 Xanten
2. LVR-Archäologischer Park
3. Xantener Südsee
4. Wunderland Kalkar
5. Schloss Moyland · Moyländer Allee · 47551 Bedburg-Hau
6. Kalkarer Mühle · Mühlenstege 8 · 47546 Kalkar
7. Kurpark Xanten

2016 startete die dritte Etappe der NRWRadtour in Xanten.

Xanten und das Nibelungenlied sind untrennbar verbunden.

SEHENSWERTES AM WEGESRAND

Wo Siegfried ist, ist Kriemhild nicht weit: Die Kriemhildmühle ist Mühle, Bäckerei und Aussichtsturm. Unten lassen Sie sich zu Kaffee und Kuchen nieder und für nur 1 Euro erklimmen Sie den Kranz der Mühle und genießen die Aussicht.

Wollen Sie radelnd in der Natur die Seele baumeln lassen? Soll Wissenshunger gestillt werden? Darf es zwischendurch etwas Abwechslung in der Bewegungsform sein? Wenn die Wünsche nach dem einen oder anderen fast gleich sind: Haben Sie Zeit, für die Tour ein Wochenende einzuplanen, machen Sie das bitte. Und packen Sie unbedingt Badesachen ein!

Ihr erster möglicher Stopp nach Bahnhof oder Parkplatz ist das **Siegfriedmuseum** 1 in der historischen Xantener Altstadt, gleich neben dem Dom St. Viktor. Die Zeitreise macht Sie mit dem Nibelungenmythos in all seinen Facetten vertraut. Und wer hätte es gedacht: Laut den wichtigsten Handschriften des Nibelungenliedes liegt die Heimat von Siegfried, dem Drachentöter, genau hier - in Xanten. Präsentiert werden unzählige Ausstellungsstücke aus 600 Jahren Wirkungsgeschichte des Mythos. Sogar ein nachgebauter Teil des Schatzes, den Siegfried der Sage nach erstanden haben soll, kann bestaunt werden - der echte liegt angeblich auf dem Grund des Rheins. Außerdem sehenswert: die Reste der alten Bischofsburg, das rekonstruierte Mitteltor und der mächtige Meerturm, der ursprünglich zur Stadtbefestigung gehörte und als Gefängnis diente.

Am bald folgenden Kreisverkehr mit der Skulptur „Tor der Nibelungen" des Bildhauers Christoph Wilmsen-Wiegmann müssen Sie sich entscheiden: Entweder werfen Sie nur einen Blick auf das weitläufige Areal vom

LVR-Archäologischen Park 2 - kurz APX - und biegen auf den Radweg „Am Rheintor" ab. Oder Sie vertiefen sich in die römische Geschichte der Region und wählen die erste Ausfahrt. Auf dem Gelände der antiken Provinzstadt Colonia Ulpia Traiana wird römische Geschichte lebendig: Sie können Rekonstruktionen antiker Bauwerke bestaunen, sich in Wohnräumen und Handwerkshäusern umsehen, eine Schiffswerft und ein Amphitheater besichtigen und Archäologen „live" bei Grabungen über die Schulter schauen.

Vom APX aus haben Sie sie bestimmt schon gesehen: die **Xantener Südsee.** 3 Zurück auf der Tour, radeln Sie am alten Fischerdorf Lüttingen vorbei und biegen direkt auf den Uferweg mit breiten, gut befestigten Kieswegen ein. Unterwegs bieten sich schöne Aussichten auf die Silhouette von Xanten und das klare Wasser. Kleine Buchten laden zum Seele-baumeln-Lassen und Picknicken ein, Segler, Surfer und Kiter kreuzen immer wieder Ihr Blickfeld. Doch Achtung: Baden ist an diesen Stellen streng verboten. Das können Sie im Naturbad im Norden der Südsee.

INFO Den Fahrplan der MS „Seestern" finden Sie hier: www.seestern-xanten.de.

Weil vom Wasser aus alles noch mal anders aussieht und das Abenteuer ruft: Wasserski und Wakeboard - alles da, was Herzen Erlebnishungriger höherschlagen lässt. Sie könnten sogar einchecken. Um genau zu sein: auf der MS „Seestern", mit der Sie über Nord- und Südsee schippern. Die komplette Minikreuzfahrt dauert 110 Minuten, Ihre Räder sind nach Rücksprache mit an Bord und Sie können die Tour an jedem Hafen unterbrechen und fortsetzen.

SEHENSWERTES AM WEGESRAND Bewegung mit allen Sinnen verspricht der Gang über den Barfußpfad am Xantener Hafen (Salmstraße).

Natürlich können Sie ebenso gut weiterfahren. Nach wie vor ohne nennenswerte Steigungen und auf besten Wegen erreichen Sie vorbei am „Museum rund ums Geld", das inmitten alter Streuobstwiesen liegt, und nach der Durchquerung des winzigen Orts Wardt, das zwischen den Gewässern förmlich eingeklemmt ist, die

GASTRO-TIPP Am Wardter Hafen verwöhnt Sie das Team vom „bagfiz am See".

Xantener Nordsee und radeln entspannt am Ufer entlang. Immer inklusive: genügend Gelegenheiten, sowohl kulinarischen als auch anderen körperlichen Bedürfnissen nachzukommen.

SEHENSWERTES AM WEGESRAND Bei Zeit und Interesse: An der Strecke steht die aus Backstein und Tuff bestehende Kirche St. Willibrord, die auf den Fundamenten einer Kapelle aus der Mitte des 13. Jahrhunderts gebaut wurde.

Nach kurzer Zeit lassen Sie die Nordsee links liegen und gelangen in Vynen auf den Rheindeich. Rechts von Ihnen schieben sich Frachtschiffe gemächlich rheinauf- und rheinabwärts, davor schreiten Störche majestätisch über die grünen Rheinauen und Schafe grasen zufrieden das saftige Grün. Idylle pur! In die sich **Unser Lieblingscafé** direkt am Deich harmonisch einfügt. Bevor Sie sich draußen ein gemütliches Plätzchen suchen, sollten Sie die Innenräume bewundern: Jedes Zimmer ist mit unglaublich viel Liebe zum Detail eingerichtet – man kann sich kaum sattsehen und entdeckt immer Neues. Apropos satt: Bewahren Sie sich Ihren Appetit auf Kuchen und Eis unbedingt bis hierhin auf! Alles ist hausgemacht, der Genuss zaubert Ihnen garantiert ein glückliches Lächeln ins Gesicht.

In Obermörmter nehmen Sie Abschied vom Rhein und schlängeln sich durch die charakteristische Niederrhein-Landschaft mit weitläufigen Wiesen und Feldern. Bis auf der rechten Seite wohl einer der außergewöhnlichsten Hotel- und Freizeitkomplexe rund um einen bunt bemalten Kühlturm sichtbar wird: **Wunderland Kalkar.** 4 Eigentlich sollte hier mal ein Atomkraftwerk entstehen, das aber zum Glück nie ans Netz gegangen ist. Jetzt befindet sich auf dem Areal unter anderem ein Familienpark mit 40 Attraktionen vom Riesenrad bis zur Achterbahn, die ideal für Kinder bis zu zwölf Jahren geeignet sind.

Schloss Moyland: Hier gehen Kunst, Kultur und Natur eine lebendige Verbindung ein.

Vorbei am Wisseler See geht es weiter Richtung **Schloss Moyland.** 5 Das Wasserschloss lockt nicht nur mit seiner neugotischen Architektur und der Gartenanlage mit Skulpturenpark. Die historischen Gemäuer beherbergen außerdem ein Museum für moderne und zeitgenössische Kunst sowie

ein internationales Forschungszentrum zu Joseph Beuys, der am Niederrhein geboren wurde und aufgewachsen ist und hier seinen Weg zur Kunst gefunden hat. Plus eine Bibliothek mit über 60.000 Medien zur Kunst des 19. und 20. Jahrhunderts.

Die Hände wieder am Lenker begeben Sie sich eigentlich schon auf den Rückweg nach Xanten. Glücklicherweise führt der Sie direkt durch die Hansestadt Kalkar. Im historischen Stadtkern säumen wunderschöne Treppengiebelhäuser und das gotische Rathaus den Marktplatz. Schatten spendet die mächtige Gerichtslinde, die laut einer Tafel bereits 1545 gepflanzt wurde. Und in den vielen Cafés und Restaurants rundherum erleben Sie, wie der Niederrhein schmeckt. Was es sonst noch Sehenswertes gibt? Auf jeden Fall die St.-Nicolai-Kirche mit ihren weltberühmten Schnitzaltären und die historische **Kalkarer Mühle** 6 mit Biergarten und Brauerei - ein kühles Mühlenbier ist wirklich jede Pause wert.

Von Kalkar führen Sie die letzten Kilometer auf Feld- und Wirtschaftswegen nach Appeldorn und durch den Wallfahrtsort Marienbaum. Hier beginnt der Alleenradweg auf einer ehemaligen Bahntrasse, der Sie - vorbei am Kloster Mörmter - direkt nach Xanten bringt. Vielleicht haben Sie noch Zeit und Muße für einen kleinen Stopp im **Kurpark?** 7 In der Kneipp-Anlage können Sie Arme und Füße kühlen und das Gradierwerk, das Herzstück des Parks, verströmt maritim-salzhaltige Luft. Eine echte Wohltat zum An- und Runterkommen ...

TIPP Gehen Sie mit der Museums-App auf Spurensuche, erkunden Sie die Geheimnisse des Schlosses und testen Sie Ihr Wissen!

GASTRO-TIPP Pausieren in traumhafter Kulisse: ‚Rocco's Museumscafé" im Schloss Moyland ist immer eine gute Wahl.

GASTRO-TIPP Im Brauhaus „Kalkarer Mühle" mundet ein kühles Mühlenbier.

WDR 4 Sommer Open Airs

Fans der NRWRadtour wissen es längst: Auch wenn eine Etappe hinter ihnen liegt, ist ans Ausruhen nicht zu denken. Denn an allen Tageszielen wartet auf die Sportbegeisterten und alle anderen, die auf gute Musik und viel Spaß stehen, WDR 4 mit den großen „Sommer Open Airs" - kostenlos und unter freiem Himmel.

WDR 4 konnte in den vergangenen Jahren große Künstler mit Lieblingshits der 80er und Klassikern der 60er und 70er auf die Bühne holen, die niemanden stillstehen lassen. Dabei waren Weltstars wie Kim Wilde in Bonn, OMD in Essen und Limahl von Kajagoogoo in Münster. Mit ihren Klassikern traten bereits die Band „The Sweet" und der Künstler Albert Hammond auf der WDR-4-Bühne auf und an weiteren Abenden der NRWRadtour sorgten deutsche Musik-Acts wie Sasha, Laith Al-Deen und Brings für großartige Stimmung.

An den Etappenzielen wartet ein bestens gelaunter WDR-4-Moderator auf die Gäste. In den vergangenen Jahren konnte Bastian Bender seine Radtourtauglichkeit unter Beweis stellen und teilt mit Ihnen in diesem Buch gern seine Lieblingsrouten zum Nachfahren.

Autorendank Der Becker Joest Volk Verlag und ich: Seit Beginn meiner Selbstständigkeit sind wir verbunden, mehr als 200 Bücher habe ich für das Team lektoriert und korrigiert. Dann kam plötzlich der Anruf: „Kannst du dir vorstellen, ein Buch über Radtouren in NRW zu schreiben?" Mein Jubel war für Ralf Joest und Johanna Hänichen Antwort genug. Vielen, vielen Dank für euer Vertrauen in mich!
Gregor Espenkott von WestLotto, Stefan Neubauer und Bettina Schneider von der NRW-Stiftung sowie Kirsten Schmitz, Nora Lanser, Ulf Pohlmeier und Bastian Bender vom WDR 4: Herzlichen Dank, dass Sie der Empfehlung gefolgt sind und sich auf meine Schreibe eingelassen haben. Großen Dank auch für die vielfältige Unterstützung durch ergänzende Informationen und Bildmaterial zu den Stiftungsprojekten! Ein riesiger Dank geht an alle, die Touren mit- oder abgefahren sind und mich mit Beschreibungen und Fotos versorgt haben: Antje Rugullis, Ralf Joest, Gordon Klammer, Rüdiger Rolf, Valerie Mayer, Janpeter Beckmann, Dieter Mayer, Annika Steinacker, Birgit Steinacker, Achim Steinacker, Gabi Heise, Gilla Weiß, Malka Rohan, Verena Krüger, Dani Dulak, Maren Breuer, Karlheinz Schendera, Holger Marcus – Sie alle sind, ihr alle seid Teil dieses Buches. Nicht zu vergessen: Jürgen Klotzbücher und Benjamin Beltz von KOM3. Ihre Planung und Justierung der Routen ist eine wahre Meisterleistung. Danke dafür!
Daneben liegen mir drei ganz große „Danke!" am Herzen. Danke, Dirk! Du warst bei so mancher Tour dabei, obwohl Radeln nicht wirklich deins ist. Danke für deine Geduld und deine Nerven, mich auch in stressigen Phasen auszuhalten, für dein Zurückstecken über viele Monate und deine Extraschichten fürs Testlesen. Danke, liebe Cornelia! Du warst sofort zur Stelle, als es mit dem Abfahren der Touren eng wurde. Und immer wusste ich: Du bist mit meinem Herzen dabei, du nimmst wahr, was ich sehen möchte. Durch deine Fotos, Beschreibungen und Erzählungen war ich immer mit vor Ort. Ein riesengroßer Dank geht an dich, Caroline Mohr, für deine unzähligen tollen Ideen und die liebevolle Gestaltung der Touren! Und dafür, dass du jeden Knoten in meinem Kopf geduldig entwirrt hast!

Verlagsdank Liebe Doreen, deine große Passion fürs Schreiben und fürs Radfahren prägt diese Bücher und macht jede einzelne Tour zu einem besonderen Erlebnis. Danke für dein Engagement, das Herzblut und den immensen persönlichen Zeitaufwand, für deine einladenden Texte mit wunderbar persönlicher Note und für die unermüdlichen haarkleinen Recherchen. Ein ganz besonderes Danke, dass du dich der Mammutaufgabe angenommen hast, die Strecken abzuradeln, um sie auf Herz und Nieren zu prüfen. Wir danken allen Beteiligten beim WDR und WDR 4, bei WestLotto, der NRW-Stiftung und KOM3 für die hervorragende Zusammenarbeit und tatkräftige Unterstützung: Danke an Kirsten Schmitz, Gregor Espenkott, Stefan Neubauer, Ulf Pohlmeier, Bastian Bender, Jürgen Klotzbücher, Nora Lanser, Benjamin Beltz und Bettina Schneider.
Ein großes „Danke!" auch an alle weiteren Radfahrbegeisterten, die mit ihrer Mithilfe zum Gelingen beider Bücher beigetragen haben. Herzlichen Dank an Melanie van Bentum für die oft knifflige Illustration der Karten. Für ihre unermüdlichen Bemühungen um die außerordentliche Qualität danken wir ganz besonders Caroline Mohr sowie ebenso Valerie Mayer, Markus Neis, Annika Steinacker und Katerina Stegemann.

Haus Am Quall,
Mettmann-Tour

Urdenbacher Kämpe,
Düsseldorf-Tour

Zeche Zollverein,
Gelsenkirchen-Tour

Der Erhalt dieser Objekte ist der NRW-Stiftung und der Unterstützung durch WestLotto zu verdanken.

Fotocredits

Seite 2 oben links und unten rechts: NRWRadtour/Bernd Hegert,
Seite 11: NRW-Stiftung/Bernd Hegert,
Seite 12 oben: NRW-Stiftung/Judith Büthe,
Seite 16: NRW-Stiftung/Hans Glader,
Seite 17 oben: NRWRadtour/Bernd Hegert,
Seite 21: NRW-Stiftung/Tourismus NRW e. V.,
Seite 23 oben: NRWRadtour/Bernd Hegert,
Seite 23 unten: NRW-Stiftung/Thomas Willemsen,
Seite 24 oben: iStock/LE-gals Photography,
Seite 24 unten: NRWRadtour/Bernd Hegert,
Seite 27: NRW-Stiftung/Werner Stapelfeldt,
Seite 31: NRW-Stiftung/Werner Stapelfeldt,
Seite 33: iStock/BerndBrueggemann,
Seite 34: Archiv NRW-Stiftung,
Seite 36: NRWRadtour/Bernd Hegert,
Seite 37 Mitte: NRW-Stiftung/Lars Langemeier,
Seite 37 unten: NRW-Stiftung/Stefan Ziese,
Seite 39: NRW-Stiftung/Judith Büthe,
Seite 46 oben: NRW-Stiftung/Bernd Hegert,
Seite 49 unten: NRW-Stiftung/Bernd Hegert,
Seite 51: iStock/SilviaJansen,
Seite 52: NRW-Stiftung/Stefan Ziese,
Seite 54 unten: NRW-Stiftung/Werner Stapelfeldt,
Seite 58 oben: NRW-Stiftung/Pauline Miko,
Seite 61 oben: NRW-Stiftung/Bernd Hegert,
Seite 63 Mitte: iStock/Manninx,
Seite 64 unten: NRW-Stiftung/Werner Stapelfeldt,
Seite 66 unten: NRW-Stiftung/Werner Stapelfeldt,
Seite 70 unten: Neanderthalmuseum/ Holger Neumann,
Seite 83 unten: NRW-Stiftung/Werner Stapelfeldt,
Seite 85 unten: NRW-Stiftung/Heimatverein Odenkirchen,
Seite 90 unten: NRW-Stiftung/Bernd Hegert,
Seite 93: NRW-Stiftung/Hans Glader,
Seite 95: iStock/We-Ge,
Seite 96: NRW-Stiftung/Werner Stapelfeldt,
Seite 101: iStock/MSchauer,
Seite 102 unten: NRWRadtour/Bernd Hegert,
Seite 104 oben: NRW-Stiftung/Finja Schneider,
Seite 109 oben und unten: NRW-Stiftung/ Werner Stapelfeldt,
Seite 112: NABU/Monika Hertel,
Seite 113: NRW-Stiftung/Dominik und Henning Allartz,
Seite 118 unten: NRW-Stiftung/Bernd Hegert,
Seite 119: NRW-Stiftung/Bernd Hegert,
Seite 121: iStock/Teka77,
Seite 123 oben: NRW-Stiftung/Lars Langemeier,
Seite 123 unten: NRWRadtour/Bernd Hegert,
Seite 125 oben und unten: NRW-Stiftung/Lars Langemeier,
Seite 129 oben: NRW-Stiftung/Werner Stapelfeldt,
Seite 129 unten: NRW-Stiftung/Lars Langemeier,
Seite 137 Mitte: NRW-Stiftung/Werner Stapelfeldt,
Seite 140 unten: NRWRadtour/Bernd Hegert,
Seite 143: NRW-Stiftung/Werner Stapelfeldt,
Seite 146 oben: NRW-Stiftung/Stefan Ziese,
Seite 149 unten: NRW-Stiftung/Lars Langemeier,
Seite 152 oben und unten: NRW-Stiftung/ Bernd Hegert,
Seite 154 unten: NRW-Stiftung/Bernd Hegert,
Seite 156: NRWRadtour/Bernd Hegert,
Seite 158 links und Mitte: NRW-Stiftung/Werner Stapelfeldt, rechts: Archiv NRW-Stiftung

Impressum

Originalausgabe Becker Joest Volk Verlag GmbH & Co. KG
Bahnhofsallee 5, 40721 Hilden, Deutschland

1. Auflage März 2023
ISBN 978-3-95453-277-3

Autorin Doreen Köstler
Routenerstellung, GPS-Daten Jürgen Klotzbücher, Benjamin Beltz, KOM3 Klotzbücher & Lichtner GbR
Auswahl der Stiftungsprojekte und Prüfung der Routen Stefan Neubauer, NRW-Stiftung
Projektleitung Valerie Mayer
Cover, Layout und Buchsatz Dipl.-Des. Caroline Mohr
Illustration Karten Dipl.-Des. Melanie van Bentum
Bildbearbeitung Dipl.-Des. Markus Neis
Lektorat Doreen Köstler
Druck Firmengruppe Appl, aprinta druck GmbH

BECKER JOEST VOLK VERLAG
www.bjvv.de

PS: Liebe Leserinnen, liebe Leser, lassen Sie uns gern wissen, welches Lohnenswerte wir wo an der Strecke übersehen haben oder an welchen Stellen sich etwas geändert hat. Schicken Sie Ihre Hinweise einfach per E-Mail an info@bjvv.de.

Wir danken unseren Partnern für die tatkräftige Unterstützung:

WEST LOTTO · NRW Stiftung · WDR 4